LES

MURS DE PARIS

En Avril 1873

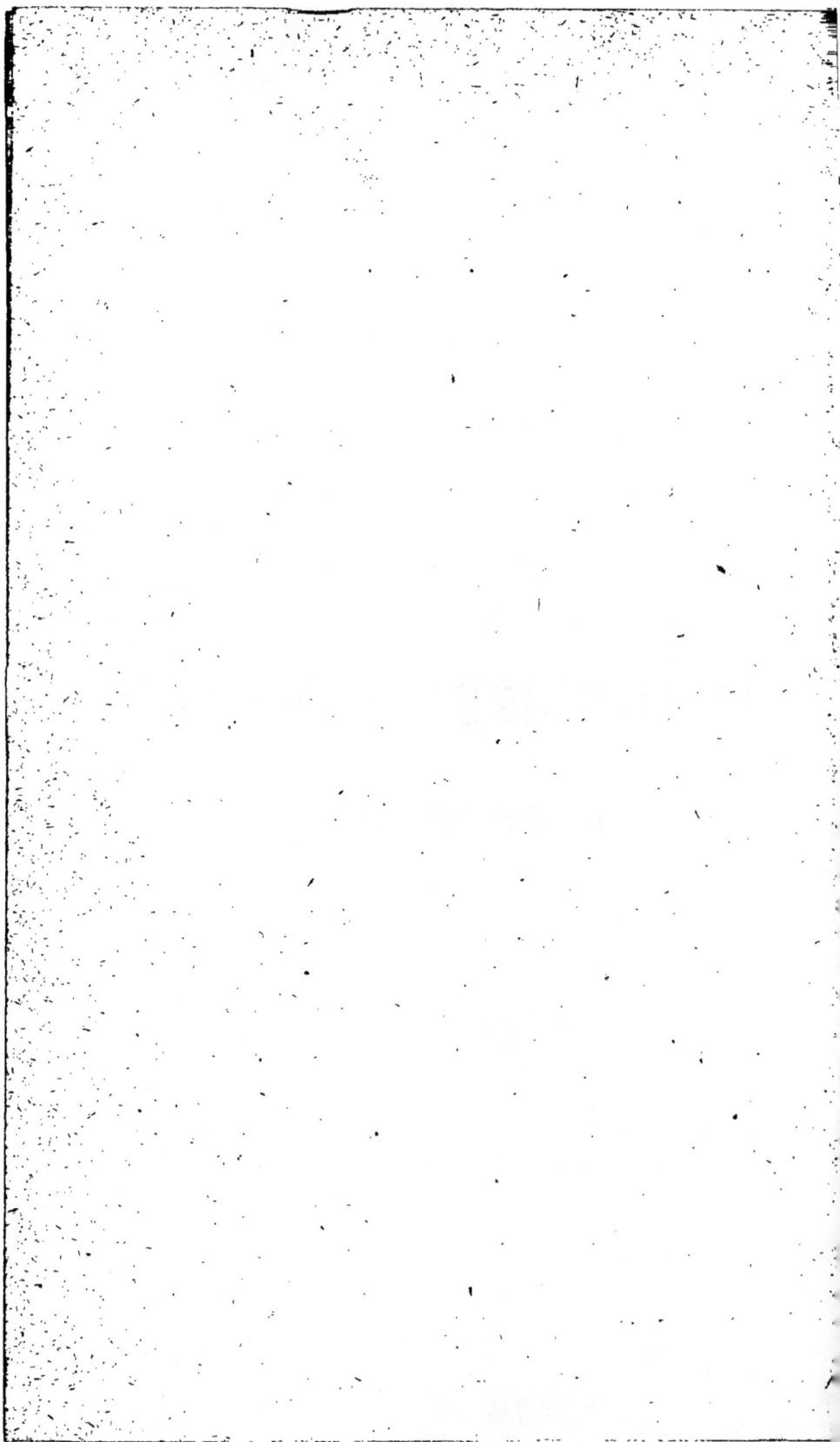

O. MONPROFIT

LES
MURS DE PARIS

En Avril 1873

Verba volant, scripta manent.

PARIS
LIBRAIRIE ANDRÉ SAGNIER
9, RUE VIVIENNE, 9

—

1873

C'est en établissant le principe de la responsabilité individuelle à tous les degrés, qu'on
arrivera à développer véritablement la vie politique. On oublie trop et on pardonne trop. Il
n'est pas inutile de conserver ce que chacun a
dit et signé à certains moments. On regrette
aujourd'hui de n'avoir pas les listes complètes
des plébiscitaires de 1870.

Ce recueil n'a d'autre prétention que de conserver ce qui a été écrit et publié à propos
de l'élection si importante du 27 avril. Notre
intention est de faire de même toutes les fois
qu'une question de principes sera en jeu dans
les élections postérieures.

O. MONPROFIT

7 mai 1873.

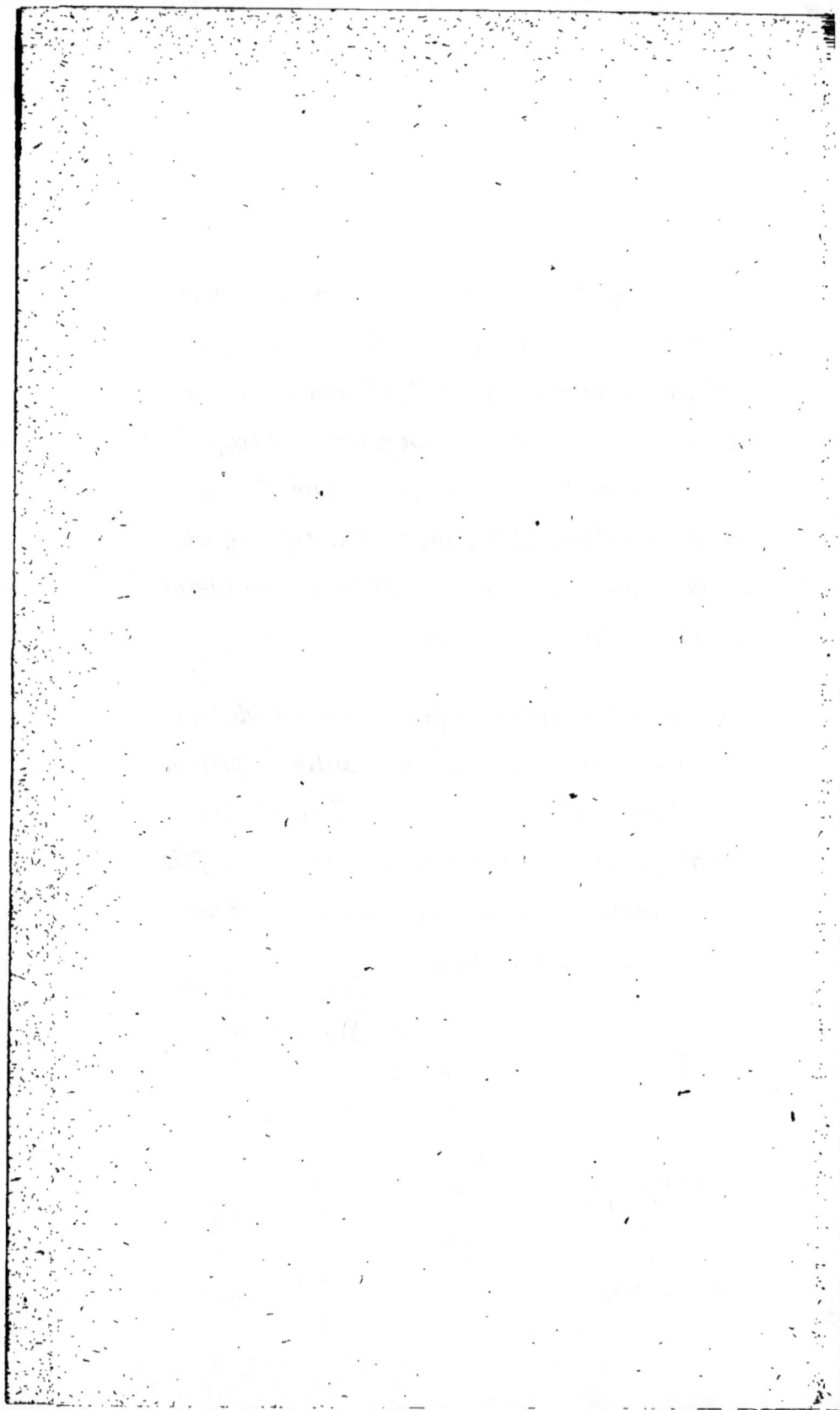

INTRODUCTION

I

Je ne crois pas que, dans aucun temps, dans aucun pays, le pouvoir se soit mis aussi directement en cause qu'il vient de le faire pour l'élection du 27 avril. On comprend que, dans des élections générales, alors que le pays tout entier est appelé à renouveler une Assemblée, les membres d'un ministère se présentant au suffrage des électeurs, le gouvernement considère la nomination de ses ministres comme une sanction apportée aux actes du cabinet.

Mais, — et les journaux étrangers l'ont bien fait remarquer, — qu'à propos d'une élection partielle survenant à la fin d'une législature, aux yeux de tout le monde depuis longtemps épuisée, le chef du pouvoir présente son ministre favori et fasse pour ainsi dire de son élection une affaire personnelle, voilà qui est souverainement impolitique. Disons-le tout de suite, M. Thiers a fini par comprendre que cette manière de se faire décerner par une ville un vote de confiance dépassait la limite imposée aux prétentions du pouvoir.

A cette heure, après l'échec, M. Thiers a renoncé de lui-même à sa première idée. Il a eu le bon esprit de ne pas se formaliser de la leçon qu'il venait de recevoir, et il semble en avoir pris son parti.

C'est cette façon dont la lutte électorale a été posée à Paris qui la rend curieuse et intéressante.

Tout d'abord, nous voyons des maires nommés par le pouvoir, fonctionnaires complétement en dehors du corps électoral, offrir la candidature à M. de Rémusat. Immédiatement, les journaux officieux commencent la campagne.

Le *Temps*, le *Journal des Débats*, comme le *Bien public*, comme le *Soir*, comme le *XIXᵉ Siècle*, acceptent l'idée et mettent un acharnement véritable à la défendre.

Le moment cependant n'était pas encore arrivé de se lancer à fond. L'Assemblée de Versailles était occupée par des discussions graves et du plus haut intérêt pour le pays. On délibérait sur les conclusions de la Commission des Trente ; la loi contre la municipalité de Lyon allait être mise à l'ordre du jour ; enfin, le décret de convocation des colléges électoraux n'était pas signé.

Cette discussion anticipée de la candidature de M. de Rémusat s'arrêta donc subitement. Mais la polémique du premier moment avait eu ce résultat de dessiner nettement les partis. On pouvait être certain que la candidature du ministre des affaires étrangères serait combattue avec énergie par les organes de la démocratie ; il était évident aussi qu'elle le serait par ceux de la légitimité et du bonapartisme : les journaux de la présidence et les feuilles orléanistes allaient seules tenir la campagne.

Le 3 avril parut au *Journal officiel* le décret convoquant les électeurs des Bouches-du-Rhône, de la Corrèze, de la Gironde, du Jura, de la Marne, du Morbihan, de la Nièvre et de la Seine (1).

Le gouvernement venait de commettre une grande faute en ne convoquant pas les autres colléges vacants, et surtout en laissant de côté le département du Rhône. C'était une faute, parce que, sous prétexte d'empêcher Lyon de protester contre la mutilation de ses franchises municipales, on allait donner à la lutte qui s'engageait un caractère beaucoup plus sérieux. Une question de principe allait être mise en jeu. M. Thiers, pour satisfaire les rancunes de la droite, compromettait gravement ce qu'on est convenu d'appeler sa politique.

Il put bientôt s'en apercevoir. En face de la candidature de son ministre, le parti démocratique tout entier posa celle de l'ex-maire de Lyon.

Le parti démocratique, en cette circonstance, fit preuve d'une discipline vraiment admirable. Le nom de M. Barodet ne fut mis en avant qu'au moment précis où cela devint nécessaire.

On ne compromit pas cette candidature par un zèle prématuré, comme celle de M. de Rémusat ; mais aussitôt elle rallia autour d'elle tous les sincères amis du peuple. Les citoyens dont les noms avaient été mis en avant : MM. Lockroy, Nadaud, Ranc, Dupont de Bussac, se retirèrent spontanément.

Un Comité d'études, composé de quelques ci-

(1) Page 31.

1.

toyens connus pour les services rendus à la cause républicaine, se forma. Un plan d'organisation fut discuté et adopté. Huit délégués, pour chacun des arrondissements de Paris, et douze pour chacun des arrondissements de Sceaux et Saint-Denis, devaient former un *Congrès républicain radical*. Tous ces délégués furent nommés dans des réunions publiques, ou des réunions privées formées par un grand nombre d'électeurs.

La crainte d'éloigner certains républicains modérés, ralliés à la candidature Barodet, fit proposer un changement dans le titre. La dénomination de *Congrès républicain démocratique* fut adoptée, mais seulement à une faible majorité.

Après avoir nommé son bureau, le premier soin du *Congrès* fut de choisir son candidat. Chaque délégué avait reçu le mandat de soutenir la candidature de l'ex-maire de Lyon, et le nom de M. Barodet fut acclamé à l'unanimité.

Les journaux qui s'étaient tant hâtés de mettre en avant le nom de M. de Rémusat, ne reprenaient pas vite la campagne. Il y avait à ce retard une raison péremptoire : M. de Rémusat ne se prononçait pas encore. Des démarches avaient été faites auprès de lui pour le prier d'accepter, mais n'avaient point encore abouti. Quelques membres de la gauche : MM. Arago, H. Martin, Langlois, Tirard, Leblond, se réunissaient chez M. Carnot père, et demandaient une réponse définitive.

On résolut de faire une dernière tentative. En cas de refus, on avait choisi, pour présenter aux électeurs de Paris, M. Valentin, ancien préfet du Rhône.

Il semble que ce qui arrêtait M. de Rémusat, c'était la façon au moins singulière dont il avait été mis en avant. Il lui répugnait de prêter son nom pour une candidature aussi ouvertement officielle. Cependant, prié à la fois par M. Thiers et par le groupe Carnot, il accepta. On peut croire, toutefois, qu'il n'accepta qu'à la condition que le décret convoquant les électeurs du Rhône fût signé. Ces deux actes, en effet, furent simultanés. Le journal officieux le *Soir* annonça les deux nouvelles de telle sorte qu'il n'y eut pas à s'y tromper. On verra plus loin cette pièce, que nous avons reproduite en lui conservant sa physionomie (1).

C'était donc bien une candidature officielle qui était posée à Paris, tellement officielle qu'on offrait presque ouvertement à M. Barodet la candidature à Lyon.

II

La publication de la circulaire que M. de Rémusat (2) adressa aux électeurs du département de la Seine devança de deux jours la promulgation du décret. Un journal officieux accusa M. de Goulard, ministre de l'intérieur, d'avoir volontairement retardé l'insertion au *Journal officiel*.

La circulaire de M. de Rémusat, délibérée, dit-on, en conseil des ministres, rencontra immédiate-

(1) Page 39..
(2) Page 41.

ment des adhérents parmi les députés du centre gauche, et dans les rangs des conseillers municipaux qui forment, depuis l'élection Hérold, une sorte de centre gauche au conseil municipal de Paris. Elle fut approuvée aussi par l'aristocratie industrielle et financière.

Le parti démocratique, se plaçant tout-à-fait sur le terrain des principes, ne se laissa nullement influencer par les manœuvres du pouvoir. Il maintint la candidature de M. Barodet, et se prépara à la soutenir avec énergie. Il savait d'ailleurs que le peuple de Paris ne se laisse pas prendre facilement aux intrigues gouvernementales et qu'il a l'habitude de marcher droit au but qu'il veut atteindre, sans tenir compte des promesses qu'on peut lui faire pour le pousser à marcher contre ses intérêts.

Devant cette attitude résolue, les patrons de M. de Rémusat comprirent qu'il ne leur fallait négliger aucun moyen s'ils voulaient arriver au succès. Dans les deux comités formés pour soutenir le ministre des affaires étrangères, il semble qu'on avait donné pour mot d'ordre de ne rien épargner. Depuis le 14 avril, les affiches des couleurs les plus diverses se succédèrent sur les murs de Paris. Chaque jour, on en placardait de nouvelles. De plus, les journaux officieux et les organes habituels des d'Orléans contenaient des listes d'adhésions où les noms les plus inconnus s'étalaient avec fracas.

Les députés du centre gauche envoyaient l'un après l'autre, non pas une simple adhésion, mais de véritables lettres-manifestes recueillies religieusement par les feuilles de la Présidence (1). Peu importait qu'on fût représentant ou seulement électeur du département de la Seine ! Faire réussir la candidature du ministre des affaires étrangères, c'était le point important.

Après les députés, après les conseillers municipaux, vinrent les particuliers. L'Italien Cernuschi, récemment naturalisé Français, retour depuis peu du Japon, ouvrit la liste. On vit alors affluer les noms des préfets en disponibilité, gens vivant de l'équivoque, prêts à suivre le pouvoir dans les aventures, et nombre de ces personnalités remuantes qui cherchent à placer partout leurs initiales, enfants perdus du barreau ou de la littérature.

Mais cela ne suffisait point encore. On cherchait l'appui d'une personnalité éclatante, et on avait les yeux tournés, depuis quelques jours, du côté de la dernière victime de la droite, du côté de M. Grévy.

L'ex-Président de l'Assemblée de Versailles, entouré d'une sorte d'auréole de puritanisme, considéré par beaucoup comme le type du républicain vertueux et intègre par excellence, M. Grévy devait, dans l'esprit des patrons de M. de Rémusat, réunir à la fois l'aristocratie conservatrice de ses priviléges, la bourgeoisie à courte vue, et le clan des républicans sincères, mais timides.

(1) Nous n'avons pu donner toutes ces lettres, assez insignifiantes, du reste, et qui se répètent à peu de chose près.

On eut l'adhésion Grévy.

Elle fut annoncée bruyamment, à grand renfort d'affiches (1).

Pendant que les comités organisés pour soutenir la candidature de M. de Rémusat cherchaient ainsi des adhérents de tous les côtés, et faisaient tapage à chaque nouveau partisan qu'ils rencontraient, le parti démocratique poursuivait sa campagne avec une admirable discipline. Au premier moment, un seul journal républicain avait manqué à l'appel, le *Siècle*. Son hésitation cessa le jour où il comprit le but de la candidature de M. Barodet, et où il vit que la pensée du peuple de Paris était d'exprimer nettement sa volonté au pouvoir. Dès lors six journaux, les plus populaires de Paris : l'*Avenir national*, le *Corsaire*, l'*Evénement*, le *Rappel*, la *République française* et le *Siècle* marchèrent à l'unisson.

Le *Congrès républicain démocratique*, dans sa seconde séance, avait affirmé ce principe que les frais de l'élection devaient être couverts par les électeurs. Les dépenses furent évaluées à 20,000 francs. Chaque comité d'arrondissement dut s'occuper de fournir sa part de cette somme. Disons tout de suite que les dépenses sont restées au-dessous des prévisions, et que 18,000 francs à peine ont été dépensés. Sans abuser de l'affichage, comme le firent les comités soutenant M. de Rémusat, les choses nécessaires furent faites.

Dans toutes les réunions publiques, la candida-

(1) Page 68.

ture de M. Barodet fut soutenue énergiquement.
Au gymnase Pascaud, à la rue d'Arras, au Casino-
Cadet, à la salle Rivoli, etc., et dans la banlieue, à
Puteaux, à Levallois-Perret, etc., les candidatures
en présence furent discutées avec calme, avec liberté, et les électeurs purent s'éclairer pour se prononcer, le jour du scrutin, en connaissance de cause.

Les légitimistes et les bonapartistes n'étaient pas
plus satisfaits, on le comprend, de M. de Rémusat
que de M. Barodet. Ils cherchèrent un candidat.
Quelques journaux avaient mis en avant le nom de
M. Libeman. M. Libeman était complétement inconnu. Ses titres à représenter Paris étaient singu-
liers. Il avait, disait-on, tenté de préserver le Corps
législatif de l'envahissement populaire au 4 septem-
bre. Ceci le recommandait aux bonapartistes. On
ajoutait que, pendant la Commune, il avait réussi à
protéger la chapelle expiatoire construite en mé-
moire de Louis XVI. Il y avait, dans ce second fait,
de quoi se faire bien venir des légitimistes.
Cependant, au bout de quelques jours, les nouveaux coalisés furent forcés de convenir qu'ils
avaient là un piètre candidat. Alors eut lieu la réunion de la salle Herz, où ne furent admis que des
monarchistes purs ou des bonapartistes consom-
més. Dans ce conciliabule, où les *partisans de l'ordre* montrèrent ce dont ils étaient capables, un comité fut nommé pour trouver un candidat. Ce candidat fut M. le colonel Stoffel, militaire un peu
plus intelligent que beaucoup d'autres, connu surtout par ses rapports sur la Prusse. Le colonel Stoffel

était un bonapartiste convaincu : il n'en fut pas moins adopté par le parti légitimiste, qui s'est souillé en cette occasion par un attouchement qu'il regrettera un jour.

Quelques autres candidatures se produisirent, mais isolément. D'ailleurs, elles sont insignifiantes. Nous avons reproduit, à titre de documents et pour être complet, dans le cours du volume, les professions de foi de ces candidats excentriques (1).

Malgré les adhésions quotidiennes publiées par les journaux officieux, malgré les affiches posées coup sur coup sur tous les murs de Paris, la candidature de M. le ministre des affaires étrangères ne faisait point des progrès bien rapides dans le public. La déclaration Grévy, attendue si impatiemment et autour de laquelle on avait fait tant de bruit, ne produisait pas l'effet désiré. C'est à ce moment que s'organisèrent, sur tous les points de la capitale, les comités d'arrondissement et les comités de quartiers. Ces comités d'adhésion à la candidature de M. de Rémusat furent formés, ainsi qu'on peut le voir dans ce volume, de tous les gros négociants, de tous les industriels, en un mot, de tout le tiers état enrichi. Il faut vraiment connaître bien peu l'intelligence de Paris pour se

(1) Au nombre des candidats excentriques, comptons un M. Roux, artiste peintre, graveur et mécanicien, âgé de 84 ans. Ce candidat a fait poser seulement cent affiches, et nous n'avons pu nous en procurer un exemplaire. Nous nous souvenons seulement que M. Roux faisait valoir son âge, ses qualités, et terminait en disant que sa vue s'affaiblit de jour en jour, qu'il a été garde national pendant cinquante ans sans une punition et qu'il est l'auteur du grand tableau de l'Hôtel-de-Ville, exposé en 1847.

figurer qu'en mettant au bas de quelques phrases banales et louangeuses des noms de notables, on arrivera à convertir les travailleurs.

Mais, du moins, ces notables étaient électeurs et avaient le droit de propager leur manière de voir. Peut-on en dire autant des députés et des conseillers municipaux? Non! les élus, dans aucun cas, n'ont le droit de donner des conseils à leurs électeurs. Ils sont mandataires du peuple; ils doivent accomplir leur mandat, et c'est l'outrepasser que conseiller à leurs mandants de voter pour tel ou tel. Les comités formés pour soutenir M. le comte de Rémusat n'avaient pas reculé devant cette anomalie. Les députés et les conseillers municipaux de l'extrême gauche reculèrent un instant. Ils comprirent, toutefois, qu'il était nécessaire de s'expliquer franchement, et, tout en protestant contre la pensée qu'on aurait pu leur prêter de renverser les rôles, ils donnèrent leur avis et publièrent les déclarations qui furent affichées (1).

III

Le 21 avril, les réunions publiques cessèrent : la candidature Barodet avait eu la grande majorité. La lutte se continua dans les journaux et sur les murs. Il n'y a pas d'exemple d'une semblable profusion d'affiches à propos d'une élection partielle

(1) Page 74.

Si nos renseignements sont exacts, un million deux cent mille affiches furent collées pendant la période électorale! Les derniers jours, les murs, les boutiques fermées, les monuments publics, ne suffisaient plus. On placardait sur les parapets des ponts, sur les candélabres des becs de gaz, sur les vespasiennes, sur les arbres (1).

Les journaux officieux combattaient avec acharnement. Pour toucher leurs adversaires, tous les moyens leur étaient bons. Malheureusement pour la cause qu'ils soutenaient, ils n'étaient pas d'accord avec leurs alliés du jour, les journaux orléanistes. Un point surtout les divisait : tandis qu'eux prenaient à la lettre la déclaration de M. de Rémusat et soutenaient qu'il voulait l'intégrité du suffrage universel, sans équivoquer sur le mot intégrité, les organes des d'Orléans prétendaient que le ministre des affaires étrangères voulait certaine-

(1) Voici quelques chiffres : La proclamation de M. de Rémusat a été tirée à 92,000; il a fait poser 100,000 placards, 350,000 circulaires ont été distribuées. Le chiffre des bulletins de vote s'est élevé à 4 millions. Les comités ont fait coller 130,000 affiches et distribuer 270,000 circulaires. 30,000 déclarations Grévy et 30,000 déclarations Cernuschi ont été affichées.

Dans ces nombres ne sont comprises ni les affiches d'arrondissements et de quartiers, ni les proclamations de M. Franck (20,000) ni celle de M. Laboulaye (affichée à 1,500).

Le Comité Stoffel a fait poser 178,000 affiches et 60,000 placards. On a tiré 5 millions de bulletins de vote.

Le *Congrès républicain démocratique* a fait coller seulement 90,000 affiches de deux formats et 180,000 placards. On a imprimé 2 millions de bulletins.

M. Marcus Allart a fait tirer 7,000 affiches tricolores; ses placards sont moins nombreux.

M. Jules Amigues a fait imprimer sa déclaration et celle du Comité de l'appel au peuple à 10,000.

ment conserver le principe du suffrage universel, mais qu'il voulait en réglementer l'exercice. De là, une polémique assez vive entre les alliés. Elle ne pouvait que faire du bien à la candidature de M. Barodet. Pour obtenir une solution, le 23 avril, dix journaux s'adressèrent à M. de Rémusat. Cette lettre (1) n'obtint aucune réponse, et les journaux qui l'avaient signée, s'autorisant du proverbe : « Qui ne dit rien consent, » passèrent outre et continuè-rent à soutenir M. de Rémusat comme candidat conservateur devant apporter des restrictions à l'exercice du suffrage universel.

Le *Congrès républicain démocratique* continuait son œuvre. Il provoquait des réunions privées sur différents points du département. Dans ces réunions furent prononcés des discours remarquables, notamment celui de M. Gambetta (2). La lettre de M. Louis Blanc, dont nous donnons aussi quelques extraits (3), fut lue dans une de ces réunions.

Le Congrès se décida, dans sa troisième séance, à faire un Manifeste. Ce document, très impor-tant, fut publié par les journaux, mais trop tard pour qu'il pût être affiché (4).

Le 27 avril, Paris savait donc ce qu'il allait faire. La période électorale avait été longue. La lumière s'était faite complétement. Personne ne pouvait hésiter ou arguer de son ignorance. Aussi, les élec-

(1) Page 84.
(2) Page 81.
(3) Page 89.
(4) Page 112.

teurs allèrent-ils au scrutin avec cet blenseme, ce calme, ce recueillement qui prouvent la force. Jamais élection n'eut un caractère plus simple et plus grand. Il y avait quelque chose de religieux dans la façon dont on se rendait au scrutin. Pas d'abstentions. Malgré une pluie battante, une pluie froide, les citoyens faisaient queue à la porte des sections de vote, et attendaient leur tour, sans se plaindre, avec la conscience d'accomplir un devoir sacré et d'exercer un droit indestructible. Dans les salles de vote, les attitudes étaient recueillies, et quand le président du bureau, un homme à cheveux blancs le plus souvent, prononçait la formule sacramentelle : « N... a voté, » un long frémissement parcourait l'assistance, et chacun comprenait qu'il n'y a rien d'aussi grand qu'un citoyen libre manifestant librement sa volonté.

Le soir, une foule calme aussi et presque recueillie se pressait aux abords des mairies, au Luxembourg, dans les rues Coq-Héron et de Mulhouse, attendant le résultat. Point de cris, point de discussions violentes. Chacun était ému : on causait presqu'à voix basse. Quand on annonçait un résultat, on répondait par le cri de : Vive la République! et on se recueillait de nouveau.

Vers minuit, le résultat définitif fut proclamé. Les cris répétés de : Vive la République! accueillirent la nouvelle de cette immense majorité donnée à M. Barodet. L'enthousiasme contenu jusqu'ici se manifesta alors, non pas bruyamment, mais par cette sorte de fraternité qu'on voit naître tout à coup entre les hommes dans les grands moments.

Sans se connaître, on s'abordait, on se serrait les mains. L'émotion gagnait les plus fermes. On courait pour aller annoncer à ceux qui ne la savaient pas, la bonne nouvelle, et, chemin faisant, on la disait à tous les passants.

Le réveil d'une grande ville est un beau spectacle. Ceux qui ont été témoins de cette journée en garderont le souvenir.

IV

Après les élections de 1863, Proudhon écrivit, en tête de son livre *De la capacité politique des classes ouvrières :* « Il s'agit de montrer à la démocratie ouvrière, qui, faute d'une suffisante conscience d'elle-même et de son idée, a porté l'appoint de ses suffrages sur des noms qui ne la représentent pas, à quelles conditions un parti entre dans la vie politique; comment, dans une nation, la classe supérieure ayant perdu le sens et la direction du mouvement, c'est à l'inférieure de s'en emparer, et comment un peuple, incapable de se régénérer par cette succession régulière, est condamné à périr. Il s'agit, le dirai-je ? de faire comprendre à la plèbe française que si, en 1869, elle s'avise de gagner pour le compte de ses patrons encore une bataille comme celle qu'elle leur a gagnée en 1863-64, son émancipation peut être ajournée d'un demi-siècle. »

L'avertissement de Proudhon n'a pas porté fruit.
En 1869, le peuple a encore fourni à ses « patrons » l'appoint de ses suffrages. Qu'en est-il
résulté? Au lieu de la Révolution, on eut le 4 sep-
tembre, et à l'heure actuelle la Révolution est encore à faire et elle sera plus difficile.

L'élection de Barodet contient plus d'un enseignement. Nous sommes trop peu éloignés des
évènements pour juger de leurs conséquences; mais
on peut dès aujourd'hui reconnaître ce qui est contenu dans le scrutin du 27 avril.

Lorsqu'il s'agit de revendication, le peuple marche en avant et va droit au but. Malheureusement,
jusqu'ici on a surtout voulu faire des élections de
politique. On a détourné le peuple de la voie où il
s'engageait au nom des principes, et on l'a fait
voter pour des gens qui ne méritaient même pas
son estime, encore moins sa confiance.

Paris semble avoir compris qu'il doit désormais
marcher non plus au nom de la politique, mais au
nom des principes sans lesquels la démocratie ne
peut exister. Le peuple s'est dit qu'il lui faut désormais, pour le représenter, non plus des hommes
d'opposition légale, habitués aux manœuvres parle-
mentaires, faisant un simulacre d'opposition au
pouvoir, mais bien des hommes dont le nom ait une
signification simple, claire et parfaitement déter-
minée. Il veut que le nom qui sort de l'urne soit
l'expression exacte et incontestable de sa pensée. Il
tient à montrer qu'en votant il sait ce qu'il fait,
qu'il n'adhère pas aux déclarations sonores d'une
profession de foi, mais à un petit nombre de prin-

cipes exprimés, sans périphrases, dans un mandat impératif.

Voilà ce qui donne une portée si grande au scrutin du 27 avril. Le peuple de Paris, depuis le 8 février 1871, n'avait pas encore eu l'occasion d'exprimer librement sa pensée. Aux élections de juillet 1871, un mois à peine après la fin de la Commune, on comprend qu'il n'ait point parlé. En janvier 1872, on sait combien d'électeurs se tinrent encore à l'écart. Le 27 avril, le peuple a pensé qu'il était enfin temps de prendre la parole, et il l'a fait avec cette netteté et cette fermeté qui font peur aux puissants.

En mettant dans l'urne le nom de Barodet, le peuple de Paris n'a point fait de politique, il a affirmé trois principes : le Suffrage universel, l'Amnistie, la Liberté communale.

Il a dit aussi qu'il voulait la dissolution; mais ceci n'est qu'une question relative à la situation actuelle.

De ces trois principes, le plus important est, à coup sûr, le principe de la liberté communale. Le nom de M. Barodet, comme ex-maire de Lyon, ville fédéraliste par excellence, signifie *Franchises municipales*.

Le résultat du scrutin doit nous faire espérer dans l'avenir. Le *Congrès républicain démocratique*, en réorganisant le parti républicain, a prouvé qu'on pouvait arriver au but sans employer de grands moyens matériels. Viennent les élections générales, la victoire est assurée à la démocratie.

Malgré tout notre bon vouloir, il est probable que quelques documents nous ont échappé. Nous prions nos lecteurs de nous signaler ceux que nous avons pu oublier. Nous en tiendrons compte dans les éditions suivantes.

PREMIÈRE PÉRIODE

ORIGINE DES CANDIDATURES

Le 15 mars 1873 fut signée à Berlin la convention relative au payement de l'indemnité de guerre et à l'entière évacuation du territoire français. Cette convention fut immédiatement ratifiée par l'Assemblée de Versailles.

Des félicitations furent adressées de tous les points à la fois à M. Thiers et à M. le Ministre des affaires étrangères pour l'heureuse issue des négociations.

Le 24 mars, les maires de Paris, fonctionnaires nommés par le gouvernement, se rendirent auprès du Président de la République, et l'un d'eux, M. Degouve-Denuncques, offrit la candidature à M. de Rémusat pour l'élection partielle qui devait avoir lieu à Paris.

Les journaux du 25 mars contenaient la dépêche suivante de l'agence Havas :

Versailles, 24 mars.

Les maires et adjoints de Paris, après avoir présenté hier leurs félicitations à M. Thiers, au sujet

2.

du traité d'évacuation, ont offert à M. de Rémusat la candidature pour la prochaine élection complémentaire à Paris. M. de Rémusat a, dit-on, accepté. On pense que le comité républicain, qui avait projeté de porter M. Valentin, ancien préfet de Lyon, se ralliera à la candidature de M. de Rémusat.

Tout fait supposer que la candidature de M. de Rémusat, à laquelle de nombreux citoyens ont songé, sera accueillie avec une faveur marquée par la population parisienne.

La Commission de la municipalité lyonnaise a entendu le rapport de M. de Meaux, qui est conforme aux indications déjà données. Le rapport sera communiqué à M. de Goulard.

La date des prochaines élections complémentaires n'est pas encore fixée, mais il est certain qu'elles auront lieu pendant les vacances de Pâques.

(*Correspondance Havas.*)

Dans son bulletin politique du même jour, le *Journal des Débats* commentait ainsi cette nouvelle :

Lorsque nous exprimions hier, à propos de la prochaine élection qui doit se faire à Paris, le désir de voir le parti conservateur et libéral, imitant, sur ce point-là du moins, la conduite habile des ré publicains radicaux, se préparer de longue main à la lutte, grouper toutes ses forces et leur imprimer une direction commune afin de se présenter au scrutin avec tous les éléments possibles de succès, nous ne nous doutions pas que ce vœu était exaucé à l'instant même où nous l'émettions. Hier, en effet, les maires de Paris, rendant visite à M. Thiers pour le féliciter de l'heureuse négociation qu'il vient de terminer, ont spontanément offert M. Ch. de Rémusat, Ministre des affaires étrangères, qui assistait M. le Président de la République, de le porter comme candidat de Paris et du département de la Seine, en remplacement de M. Sauvage. Le *XIXᵉ Siècle*, qui donne sur cette entrevue d'intéressants détails, ajoute que les vingt maires se trouvent ainsi constitués, par ce fait même, en comité électoral.

Nous ne doutons pas que cette candidature, acceptée par M. de Rémusat, ne rallie les suffrages de tous les cœurs vraiment français, et ne produise, du premier coup, cette union que nous recommandons. Ce sera la candidature patriotique ; celle qui, abstraction faite de toute opinion politique, de tout intérêt de parti, sera le symbole de la France délivrée. Nous félicitons donc nos magistrats municipaux de leur bonne inspiration. Paris ratifiera leur choix ; la grande cité, qui, après les plus douloureuses épreuves, s'est imposé de lourds sacrifices pour payer les arrhes de la rançon de la patrie, verra siéger avec une juste fierté parmi ses représentants l'homme d'Etat habile et courageux dont les efforts persévérants auront hâté le payement complet de cette rançon. M. de Rémusat sera, aux élections d'avril, le candidat de Paris, au nom de la France entière.

La presse républicaine fut unanime à protester contre cette façon tout à fait officielle de poser une candidature.

Un instant, on hésita à prendre au sérieux cette nouvelle, tant il semblait invraisemblable que la politique de l'Empire fût ainsi restaurée, dans les salons du Président de la République, par des fonctionnaires publics s'érigeant en grands électeurs d'une ville comme Paris. On croyait M. Thiers homme de trop d'esprit et de bon sens pour ignorer qu'une candidature ne s'offre pas comme une récompense officielle, et que la députation n'est pas une décoration.

Il fallut cependant se rendre à l'évidence. La candidature avait été offerte par les maires et acceptée par M. Thiers, sinon par M. de Rémusat.

Pour atténuer l'officialité de la chose, si on peut ainsi parler, M. Degouve-Denuncques adressa la lettre suivante au *XIXe Siècle* :

Il n'est jamais entré dans ma pensée de ressusciter le système des candidatures officielles. J'ai combattu personnellement ce système, aussi longtemps qu'a duré l'empire, avec une obstination trop systématique, car j'avais entrevu l'abîme où il devait nous précipiter, pour concevoir ou conseiller aujourd'hui quoi que ce soit qui y ressemble.

L'idée de la candidature de M. de Rémusat aux prochaines élections de Paris est entrée dans mon esprit le jour même où j'ai appris que nous pouvions désormais [prévoir à époque fixe la libération de notre pays, et je me réservais de la produire aussitôt que les électeurs de la capitale seraient convoqués pour donner un successeur à M. Sauvage.

La réunion des maires de Paris, rassemblés hier à Versailles pour offrir leurs félicitations à M. le Président de la République, l'a fait surgir tout naturellement ; et, sans m'étonner de l'empressement que vous avez mis à la présenter et à la recommander aux lecteurs du *XIXe Siècle*, je tiens à vous remercier du soin avec lequel vous êtes allé au-devant du reproche qu'on pourrait lui faire, parce qu'elle est émanée de l'initiative spontanée et unanime des magistrats municipaux de la ville de Paris, de rappeler le régime des candidatures officielles.

La France, comme vous l'avez fort bien dit, a une dette à acquitter envers M. de Rémusat. Cette dette, c'est Paris qui l'acquittera en donnant à l'élection de M. le Ministre des affaires étrangères le seul et vrai caractère qui lui appartienne, celui d'une candidature éminemment et exclusivement nationale.

Tous les journaux officieux : le *Bien public*, le *Soir*, le *National*, le *XIXᵉ Siècle*, aidés du *Temps* et du *Journal des Débats*, commencèrent la campagne. Ils combattirent toute idée de candidature officielle, et s'efforcèrent de prouver que jamais homme n'avait été mieux choisi, pour représenter la préoccupation du moment, que M. de Rémusat.

M. Vacherot, dans le *Temps*, vint au secours de M. Degouve-Denuncques :

Quand les maires et les adjoints des vingt arrondissements de Paris sont allés porter au Président de la République leurs félicitations pour l'heureuse libération du territoire, ils n'avaient d'autre pensée que d'être les interprètes des sentiments de gratitude de leurs administrés.

Ce devoir accompli, l'idée nous est venue spontanément d'un grand témoignage public à donner, dans les prochaines élections, au Ministre aussi modeste qu'éminent qui a concouru au traité libérateur.

Nous n'avons pas offert, ainsi qu'on affecte de le croire, une candidature à M. le Ministre des affaires étrangères, soit au nom de nos administrés, ce qui nous eût fait sortir de notre rôle de magistrats de la cité, soit au nom de nos concitoyens, qui ne nous avaient confié aucun mandat de cette nature.

Nous avons voulu purement et simplement saisir l'occasion bien naturelle de nous assurer si M. de Rémusat serait disposé, le cas échéant, à accepter une candidature qui lui serait offerte par les électeurs de Paris.

On remarquera que cette lettre du maire du Vᵉ arrondissement n'était pas absolument d'accord

2.

avec celle de son collègue, qui prenait pour lui toute la responsabilité et en même temps tout le mérite de la proposition.

Une seule chose arrêtait les journaux de la Présidence. On ne savait encore si M. de Rémusat accepterait. Le *Journal des Débats* inséra, le 29, une note très affirmative sur ce point :

Quelques journaux ont mis en doute que M. de Rémusat, Ministre des affaires étrangères, accepte la candidature qui lui a été offerte aux prochaines élections de Paris. Ces bruits ne sont pas fondés : M. de Rémusat n'a pas recherché cette candidature, mais il ne la décline pas, nous sommes heureux de pouvoir l'assurer. M. de Rémusat nous permettra non pas de nous acquitter envers lui, mais de lui donner au moins un témoignage de notre reconnaissance et de notre confiance. Il appartiendra encore une fois à Paris de parler, dans cette circonstance, au nom de la France tout entière.

La campagne continua, dès lors, sur un terrain plus sûr. Elle se trouva cependant ralentie par le retard apporté dans la publication du décret de convocation des électeurs et par l'importance des débats de la Chambre, qui discutait la loi sur l'organisation municipale de Lyon.

Un incident fort grave, la démission de M. Grévy, contribua aussi à détourner l'attention de la candidature posée d'une façon si étrange et si prématurée.

La lutte électorale était donc engagée dans la presse depuis quelques jours, quand le décret de convocation des électeurs fut signé,

Douze siéges étaient vacants à l'Assemblée. Ceux de six représentants décédés : MM. Heirieis (des Bouches-du-Rhône), Rivet (de la Corrèze), Paultre (de la Nièvre), Sauvage (de la Seine), Ducoux (de Loir-et-Cher), Chasseloup-Laubat (de la Charente-Inférieure), et ceux de six autres représentants démissionnaires : MM. Journu (de la Gironde), Reverchon (du Jura), Flye Sainte-Marie (de la Marne), Bouché (du Morbihan), de Laprade (du Rhône), Rollin (de la Guadeloupe).

Le décret présidentiel ne fit mention ni du Rhône, ni de la Guadeloupe, ni de Loir-et-Cher, ni de la Charente-Inférieure.

Voici ce décret, inséré au *Journal officiel* du 3 avril :

Le Président de la République française,
Sur le rapport du ministre de l'intérieur ;
Vu la loi du 15 mars 1849, lès décrets organique et réglementaire du 2 février 1852, les lois des 10 avril et 2 mai 1871 et celle du 18 février 1873 ;
Vu le décret du gouvernement de la Défense nationale en date du 29 janvier 1871 et l'arrêté du président du conseil des ministres, chef du pouvoir exécutif de la République française, en date du 9 juin suivant ;
Attendu le décès de M. Heirieis, député du département des Bouches-du-Rhône ; de M. Rivet, député du département de la Corrèze ; de M. Paultre, député du département de la Nièvre ; de M. Sauvage, député du département de la Seine ;
Vu la démission de M. Journu, député du département de la Gironde ; de M. Reverchon, député du département du Jura ; de M. Flye Sainte-Marie, dé-

puté du département de la Marne; de M. Bouché,
député du département du Morbihan ;

Décrète :

Art. 1er. Les électeurs des départements des
Bouches-du-Rhône, de la Corrèze, de-la Gironde, du
Jura, de la Marne, du Morbihan, de la Nièvre et de
la Seine sont convoqués, pour le dimanche 27 avril
courant, à l'effet de pourvoir au siége de député à
l'Assemblée nationale, vacant dans chacun de ces
départements.

Art. 2. L'éligibilité sera réglée conformément aux
dispositions du titre IV de la loi du 15 mars 1849.

Toutefois, demeurent suspendus les art: 84 à 90
de la loi du 15 mars 1849, sous la réserve, en ce qui
concerne les préfets et sous-préfets, de la prohibition contenue dans la loi du 2 mai 1871.

Art. 3. Le vote aura lieu à la commune. Chaque
commune pourra être divisée, par arrêté du préfet,
en autant de sections que l'exigeront les circonstances locales et le nombre des électeurs inscrits.

Le scrutin s'ouvrira le dimanche, 27 avril, à six
heures du matin, et sera clos, le même jour, à six
heures du soir. Le dépouillement suivra immédiatement.

Art. 4. La constitution des bureaux électoraux et
les opérations du vote auront lieu conformément
aux dispositions du titre II du décret réglementaire du 2 février 1852, sous la réserve des modifications rappelées dans les articles 3 (§ 2), 5 et 6 du
présent décret.

Art. 5. Nul ne sera élu au premier tour de scrutin s'il n'a réuni :

1° La majorité absolue des suffrages exprimés ;

2° Un nombre de suffrages égal au quart de celui
des électeurs inscrits.

Au deuxième tour de scrutin, l'élection aura lieu
à la majorité relative, quel que soit le nombre des
votants.

Dans le cas où plusieurs candidats obtiendraient un nombre égal de suffrages, le plus âgé serait proclamé député.

Art. 6. Le recensement général des votes se fera à l'hôtel de ville du chef-lieu du département, en séance publique, sous la présidence du juge de paix ou du doyen des juges de paix, avec le concours des présidents ou assesseurs qui auront siégé au chef-lieu.

A Paris, ce recensement aura lieu sous la présidence du doyen des maires.

Art. 7. Le recensement général des votes étant terminé, le président en fera connaître le résultat. Il proclamera député à l'Assemblée nationale celui des candidats qui aura satisfait aux deux conditions exigées par l'article 1er de la loi du 18 février 1873.

Art. 8. Si aucun des candidats n'a obtenu la majorité absolue des suffrages et le vote en sa faveur du quart au moins des électeurs inscrits, un second tour de scrutin aura lieu le deuxième dimanche qui suivra le jour de la proclamation du résultat du premier scrutin.

Art. 9. Aussitôt après la proclamation du résultat définitif des opérations électorales, un des doubles du procès-verbal de recensement général, ainsi que des procès-verbaux des assemblées des communes, tant pour le premier que pour le second tour, s'il y a lieu, avec les pièces annexes, seront transmis, par les soins du préfet, au président de l'Assemblée nationale.

Art. 10. Les maires des communes où, conformément à l'article 8 du décret réglementaire du 2 février 1852, il y aurait lieu d'apporter des modifications à la liste électorale arrêtée le 31 mars dernier, publieront, cinq jours avant l'ouverture du scrutin, un tableau contenant lesdites modifications.

Art. 11. Le ministre de l'intérieur est chargé de l'exécution du présent décret.

Fait à Versailles, le 2 avril 1873.

A. THIERS.

Par le Président de la République :
Le ministre de l'intérieur,

E. DE GOULARD.

Tous les partis songèrent immédiatement à s'organiser pour la lutte. Le parti radical montra dès les premiers jours une grande discipline. Le 5 avril, dans une réunion privée où assistaient un grand nombre d'électeurs de Paris, de Sceaux et de Saint-Denis, MM. Lockroy, Nadaud et Dupont de Bussac retirèrent spontanément leur candidature devant celle de M. Barodet.

Des comités s'installèrent dans tous les arrondissements, et les journaux du 6 continrent les deux manifestes suivants, qui prouvèrent l'existence d'un commencement d'organisation centrale.

COMITÉ FÉDÉRAL RÉPUBLICAIN D'ACTION ÉLECTORALE
DU DÉPARTEMENT DE LA SEINE.

Aux Electeurs.

Citoyens,

La période électorale est ouverte. Le Comité d'action fédéral républicain s'est mis en relation avec les groupes électoraux constitués dans les arrondissements de Paris et de la banlieue.

Les délégations de ces divers groupes, réunies en assemblée générale, se sont prononcées à l'unanimité pour la candidature du citoyen Barodet, maire de Lyon.

Une Commission a été chargée de s'entendre avec le candidat et de lui demander son adhésion au mandat suivant :

1° Dissolution immédiate de l'Assemblée de Versailles ;

2° Intégrité absolue du suffrage universel;

3° Convocation à bref délai d'une Assemblée constituante unique et souveraine, qui seule peut nous assurer l'amnistie et la levée de l'état de siége.

En cas d'acceptation, les divers groupes constitués se proposent d'aller soutenir leur candidat dans les différentes réunions électorales.

> Pour le Comité fédéral républicain d'action électorale du département de la Seine,
> Et par délégation :
> LA COMMISSION D'INITIATIVE.

CONGRÈS ÉLECTORAL RÉPUBLICAIN RADICAL DU DÉPARTEMENT DE LA SEINE

—

Citoyens,

Le corps électoral, trop souvent abandonné au hasard des circonstances, a repris possession de lui-même ; il est organisé, et désormais le choix de son candidat n'émanera plus que de lui.

La période électorale est ouverte.

Un Comité d'études s'est constitué. Partout où ses informations ont pu atteindre, il s'est mis en relation avec les groupes électoraux républicains de chacun des arrondissements de Paris et de la banlieue ayant fonctionné à différentes époques, ainsi qu'avec les groupes nouveaux pouvant donner leur concours aux prochaines élections. Il a demandé l'avis de leurs délégués, et ainsi a été arrêtée l'organisation du *Congrès républicain radical de la Seine.*

Suivant la résolution qui a été prise, chaque arrondissement est appelé à choisir immédiatement *huit* délégués ; pour la banlieue, en raison de la dispersion des communes qui la constituent, le nombre des délégués sera de *douze* par arrondissement.

La réunion de ces délégués constituera le *Congrès républicain du département de la Seine.*

Ce Congrès aura pour mission de fixer les termes du mandat et d'arrêter le choix d'un candidat.

Le mandat de délégué au Congrès est incompatible avec la candidature.

Les délégués nommés dans chaque arrondissement sont invités à faire connaître jeudi, 10 avril, leurs pouvoirs au Comité d'études ; ils seront convoqués sous le plus bref délai pour constituer le Congrès, devant lequel disparaîtra ce Comité.

LE COMITÉ D'ÉTUDES.

Paris, le 6 avril 1873.

P. S. — L'indépendance des élections n'étant assurée qu'à la condition que les électeurs en fassent les frais, il est du devoir de chaque citoyen d'y contribuer dans la mesure de ses ressources.

A partir d'aujourd'hui, 7 avril, le Comité d'études se tiendra en permanence et recevra des souscriptions de 2 heures à 6 heures et de 8 heures à 10 heures du soir, rue Coq-Héron, 5, 2ᵉ étage au-dessus de l'entresol.

Ces deux comités disparurent lorsque les délégués d'arrondissement eurent été nommés. Le CONGRÈS RÉPUBLICAIN DÉMOCRATIQUE DU DÉPARTEMENT DE LA SEINE exista seul.

Du reste, dans tous les quartiers de Paris, on proclamait la candidature Barodet. Les journaux du 8 avril publièrent la déclaration suivante :

Les soussignés, représentant un groupe important d'électeurs du sixième arrondissement, ont adopté, dans une réunion privée, la candidature du citoyen Barodet, maire de Lyon.

Paris, le 7 avril 1873.

> Dr Robinet, Watelet, Camille Raspail, E. Sémerie, Dubain, Denon, C. Monier, Jules Troubat, A. Berlot, Aufant, L. Granjon, Ernest Leroux, A. Cyboulle, E. Laporte, Grandjean, Delaby.

Les partisans de la candidature de M. le comte de Rémusat ne se pressaient pas d'entrer en ligne. Des réunions avaient lieu chez M. Carnot père. Des démarches avaient été faites sans succès auprès du ministre des affaires étrangères. Dans une de ces réunions, il fut décidé qu'une nouvelle tentative aurait lieu, et qu'en cas de refus, M. Valentin, ancien préfet du Rhône, serait présenté aux électeurs.

Une seule chose, au fond, empêchait M. de Rémusat d'accepter : le retard apporté dans la convocation des autres colléges électoraux.

Cependant le parti radical s'organisait rapidement.

Le 10 avril, le Comité électoral de l'*Egalité républicaine* publia l'appel suivant aux électeurs :

Considérant que le parti monarchique, dans le but de renverser la République, poursuit une campagne à outrance contre les grandes villes,

Le Comité électoral l'*Égalité républicaine*, voulant affirmer la République et les sentiments de solidarité qui l'animent, propose à la démocratie de la Seine, pour candidat à l'élection du 27 avril prochain, le citoyen Barodet, maire de Lyon, dont la fonction vient d'être supprimée par la majorité réactionnaire de Versailles.

Salut et fraternité.

> Marchal, rue Poissonnière, 26. — Charles jeune, rue Montmartre, 161. — G. Vuarneux, rue du Mail, 38. — L. Dey, avenue Wagram, 33. — Mettier, rue du Faubourg-Saint-Denis, 34. — D. Tourette, rue aux Ours, 26.

La *Liberté*, dans son numéro du même jour, rappela aux électeurs parisiens que, dans le cas où l'indécision de M. de Rémusat se prolongerait, le nom de M. Daguin, président du tribunal de commerce de la Seine, avait été mis en avant, aux précédentes élections, par plusieurs journaux conservateurs.

De son côté, le *Gaulois* publia les lignes suivantes, sous la signature d'*un abonné* :

Je propose que l'on offre la candidature aux prochaines élections de Paris à M. Michel Chevalier. M. Michel Chevalier — le père du libre échange — a joué un très grand rôle économique ; il est le promoteur des mesures commerciales les plus en contradiction avec le régime prohibitif qui me paraît ruiner la France en ce moment.

Pourquoi ne pas se grouper autour de lui et pourquoi ne pas faire de ce choix une candidature d'affaires, renonçant pour cette fois à une candidature politique ?

Les officieux prétendaient que M. Barodet n'accepterait pas la candidature. Les journaux du vendredi 11 donnèrent cette note :

Le citoyen Barodet vient d'adresser la dépêche suivante au Comité fédéral républicain *d'action électorale du département de la Seine* :

« Lyon, 10 avril, midi.

« Citoyens,

« Adhésion complète à votre programme. Je vous écrirai ce soir.

« BARODET. »

Le programme du Comité fédéral comportait les trois points suivants :

1° Dissolution immédiate de l'Assemblée de Versailles ;

2° Intégrité absolue du suffrage universel ;

3° Convocation à bref délai d'une Assemblée constituante, unique et souveraine, qui, seule, peut nous assurer l'amnistie et la levée de l'état de siége.

Le même jour, M. de Rémusat accepta définitivement la candidature, et le décret convoquant les départements laissés de côté fut signé.

Voici comment le *Soir*, journal officieux, annonça cette nouvelle ; nous conservons l'allure qu'il donna à sa note :

DERNIÈRE HEURE

—

« Au moment de mettre sous presse, nous apprenons que le gouvernement, cédant aux conseils de ses amis, a pris des résolutions qui peuvent se résumer dans ces deux termes :

ACCEPTATION DE LA CANDIDATURE PAR M. DE RÉMUSAT.

CONVOCATION DES ÉLECTEURS DE TOUS LES COLLÉGES VACANTS.

Nous sommes, en outre, en mesure d'affirmer qu'à la suite d'une démarche personnelle faite par plusieurs députés, parmi lesquels nous nommerons MM. Langlois, Tirard, Paul Morin, Labélonye, M. de Rémusat a déclaré formellement que son intention était de s'adresser par un MANIFESTE aux électeurs, et qu'il ferait savoir à ceux qui pouvaient l'ignorer qu'il était autant que quiconque partisan de l'ÉTABLISSEMENT DE LA RÉPUBLIQUE ET DU MAINTIEN DU SUFFRAGE UNIVERSEL. »

Dans la presse républicaine, un seul journal, le *Siècle*, hésita longtemps avant de se prononcer dans un sens ou dans l'autre. Lors de l'élection du 7 janvier 1872, le vieux champion de l'idée républicaine s'était rallié à la candidature Vautrain. On pouvait croire à une défection semblable. Il n'en fût rien. Après bien des tergiversations, il publia, le 13, un article dont voici les principaux passages :

Le jour même où l'Assemblée vota la loi qui mutilait la municipalité lyonnaise, une protestation

générale s'éleva contre ce vote regrettable. Quelle
forme Paris allait-il donner à cette protestation ?
Le nom du maire de Lyon fut prononcé à la fois sur
tous les points de la grande cité.

Depuis lors, conformément à nos habitudes, nous
avons recueilli attentivement toutes les manifestations de l'opinion publique; nous avons écouté tout
ce qu'ont dit pour et contre ces deux candidatures
leurs partisans, aussi bien que leurs adversaires.

Nous apprenons aujourd'hui à nos lecteurs notre
résolution motivée :

Nous adhérons à la candidature de M. Barodet.

Nous l'acceptons parce qu'elle est une protestation en faveur des libertés municipales, une protestation contre les intrigues des partis monarchiques,
contre leurs projets menaçants, et que dès lors elle
vient en aide à M. Thiers et à la politique du Message.

L'adhésion du *Siècle* compléta la petite troupe
décidée à soutenir énergiquement la candidature
de M. Barodet. Elle était formée de six combattants déterminés : L'*Avenir national*, le *Corsaire*,
l'*Événement*, le *Rappel*, la *République française* et
le *Siècle*.

Le lundi 14, les deux circulaires suivantes pa-
rurent simultanément dans les journaux :

Aux Electeurs du département de la Seine.

Le département de la Seine va élire un représentant. D'honorables citoyens ont bien voulu prononcer mon nom, et l'associer, par une haute faveur, à l'acte important qui vient d'assurer la libération du territoire. Je ne pouvais être insensible
à un tel honneur, et la reconnaissance seule eût
suffi pour me le faire accepter. Obtenir les suffra-

ges de cette capitale de la France qui fixe les regards du monde, serait ma dernière ambition, et, pour moi, la plus précieuse des récompenses.

Une longue vie, qui s'est écoulée tout entière dans cette ville où je suis né, pourrait me dispenser de rappeler les principes qui m'ont guidé dans toute ma carrière. A toutes les époques, sous tous les régimes, j'ai cherché, aimé, voulu la liberté, celle qui se fonde sur le règne des lois et non sur de perpétuelles révolutions. Je n'ai jamais tenu pour durable qu'un gouvernement modéré, puisant sa force dans la confiance du pays.

Uni par cinquante ans d'amitié à M. le président de la République, j'ai adopté avec conviction, j'ai soutenu avec fidélité la politique qu'il a exposée tant de fois dans ses discours et ses messages, celle qui a rétabli la paix au dehors, l'ordre au dedans, réparé les forces de l'Etat par la restauration des finances et de l'armée, fait de la République un gouvernement stable et rassurant, et, avant tout, rendu possible et prochaine la libération du territoire.

Cette politique a besoin aujourd'hui de se compléter par des lois depuis longtemps annoncées et récemment ordonnées par l'Assemblée nationale. Ces lois, dans ma pensée, ne peuvent avoir d'autre objet que d'organiser le gouvernement de la République, en la consolidant par des institutions régulières, conformes à l'expérience de tous les temps, et fondées sur l'intégrité du suffrage universel.

La France est aujourd'hui calme et libre, et jamais elle n'a été plus maîtresse de fixer ses destinées. Dans ce moment solennel, Paris imposera de grands devoirs au député de son choix, car la noble cité, en lui confiant ses intérêts, voudra qu'il soit le député, non d'une cité, mais de la nation tout entière.

RÉMUSAT.

Paris, le 13 avril 1873.

Aux Electeurs du départément de la Seine

Citoyens,

J'accepte avec un vif sentiment de reconnaissance et dans toute son étendue, le mandat que les divers Comités de la démocratie parisienne, tous animés des mêmes convictions, ont résolu d'offrir à l'ancien maire de la ville de Lyon, dépossédée de ses franchises municipales.

En vous adressant à un serviteur modeste, mais déjà ancien, de la République, en le préférant même à des individualités plus éclatantes, et dont nul de nous ne voudrait méconnaître le mérite et les services, vous avez voulu, par votre choix, donner un solennel témoignage de la solidarité qui, non-seulement unit les grandes cités entre elles pour la défense de leurs droits, mais qui rattache à la cause des libertés municipales les plus humbles des communes de France.

La démocratie lyonnaise, dans les rangs de laquelle j'ai combattu, m'encourage à répondre à votre appel. Profondément pénétrée de gratitude pour la généreuse initiative du peuple de Paris, elle me charge de vous dire qu'elle ne saurait mieux reconnaître votre fraternelle assistance qu'en envoyant un des siens réclamer avec vous :

1° La dissolution immédiate de l'Assemblée de Versailles ;

2° L'intégrité *absolue* et *vraie* du suffrage universel ;

3° La convocation à bref délai d'une Assemblée unique, qui seule peut voter l'amnistie et la levée de l'état de siége.

A ce mandat que Lyon et Paris me donnent en semble, je ne puis que souscrire : je mettrai mon honneur à le remplir, assuré d'ailleurs de l'adhésion unanime des républicains, sans acception de nuances.

Plus que jamais, en effet, l'union et la concorde nous sont nécessaires en face de la coalition de tous les prétendants et de tous les fauteurs de monarchie. Il faut enfin sortir de l'équivoque qui énerve le pays, encourage les factieux, et déconcerte jusqu'aux amis du pouvoir. Depuis deux ans, toutes les élections partielles ont démontré que la démocratie républicaine a conquis la France par sa modération, son esprit d'ordre et de discipline, et les garanties qu'elle seule peut offrir aux idées [de justice et de progrès. Depuis deux ans, on ne veut pas entendre à Versailles la voix du pays ! Renouvelons donc nos avertissements aussi fermes que mesurés, et qui défient la calomnie.

Les élections actuelles ne sont que la préface des élections générales. Sachons nous préparer dès à présent à ces grandes assises nationales. Il appartient aux électeurs de la Seine de donner le mot d'ordre par un scrutin qui signifie à la fois : Dissolution et République !

D. BARODET,
ex-maire de Lyon.

Lyon, 13 avril 1873.

Le même jour, le *Temps* inséra une lettre de M. Littré :

« Mesnil-le-Roi (Seine-et-Oise), 13 avril 1873.

« Monsieur le Rédacteur,

« La *République française* dit que la candidature de M. Barodet a été adoptée par le parti républicain de Paris à l'unanimité. Il y a, je crois, quelques dissidences, la mienne, au moins; et je suis un républicain beaucoup plus ancien que pas un de ceux qui écrivent dans la *République française*. La candidature de M. Barodet, en opposition à celle de M. de Rémusat, est, à Paris, une attaque directe contre le gouvernement de M. Thiers. Pour

rien au monde, tant que les cinq milliards ne sont
pas soldés, tant que les Allemands n'ont pas évacué notre territoire, tant que la République n'a pas
triomphé des entreprises monarchiques, je ne vou-
drais m'associer à une pareille attaque.

« E. LITTRÉ,
« *Député de la Seine.* »

La *République française* répondit :

« M. Littré est un très ancien républicain, ce que
nous n'avons jamais révoqué en doute; il est partisan de la candidature de M. de Rémusat, ce à quoi
nous nous attendions. Nous n'en sommes pas à apprendre que M. Littré est un de ces républicains
toujours prêts à tourner le dos à leur parti dans les
circonstances décisives. »

Le 15 parut au *Journal officiel* le nouveau décret sur lequel on comptait pour faire retirer la
candidature Barodet :

Le Président de la République française,
Sur le rapport du ministre de l'intérieur;
Vu la loi du 15 mars 1849, le décret organique et
le décret réglementaire du 2 février 1852, les lois
des 10 avril et 2 mai 1871 et celle du 18 février 1873;
Vu le décret du gouvernement de la Défense na-
tionale, en date du 29 janvier 1871, et l'arrêté du
Président du conseil des ministres, chef du pouvoir
exécutif de la République française, en date du
9 juin suivant;
Attendu le décès de M. Ducoux, député du dé-
partement de Loir-et-Cher; de M. le marquis de
Chasseloup-Laubat, député du département de la
Charente-Inférieure; de M. Morel, député du dé

partement du Rhône ; de M. Saint-Marc-Girardin (1), député du département de la Haute-Vienne ;

Vu la démission de M. de Laprade, député du département du Rhône,

Décrète :

Art. 1er. Les électeurs des départements de Loir-et-Cher, de la Charente-Inférieure, du Rhône et de la Haute-Vienne sont convoqués pour le dimanche 11 mai prochain, à l'effet de pourvoir aux siéges de député à l'Assemblée nationale, vacants dans chacun de ces départements.

Art. 2. L'éligibilité sera réglée conformément aux dispositions du titre IV de la loi du 15 mars 1849.

Toutefois, demeurent suspendus les articles 81 à 90 de la loi du 15 mars 1849, sous la réserve, en ce qui concerne les préfets et sous-préfets, de la prohibition contenue dans la loi du 2 mai 1871.

Art. 3. Le vote aura lieu à la commune. Chaque commune pourra être divisée, par arrêté du préfet, en autant de sections que l'exigeront les circonstances locales et le nombre des électeurs inscrits.

Le scrutin s'ouvrira le dimanche 11 mai, à six heures du matin, et sera clos le même jour, à six heures du soir. Le dépouillement suivra immédiatement.

Art. 4. La constitution des bureaux électoraux et les opérations du vote auront lieu conformément aux dispositions du titre II du décret réglementaire du 2 février 1852, sous la réserve des modifications rappelées dans les articles 3 (§ 2), 5 et 6 du présent décret.

Art. 5. Nul ne sera élu, au premier tour de scrutin, s'il n'a réuni :

(1) M. Saint-Marc-Girardin était, dit-on, enterré depuis deux heures à peine quand ce décret fut signé. Ce fait a causé un certain scandale dans le monde monarchiste. M. de Kerdrel a protesté, au nom de la droite, dans une lettre au président de l'Assemblée.

1° La majorité absolue des suffrages exprimés ;

2° Un nombre de suffrages égal au quart de celui des électeurs inscrits.

Au deuxième tour de scrutin, l'élection aura lieu à la majorité relative, quel que soit le nombre des votants.

Dans le cas où plusieurs candidats obtiendraient un nombre égal de suffrages, le plus âgé serait proclamé député.

Art. 6. Le recensement général des votes se fera à l'hôtel de ville du chef-lieu du département, en séance publique, sous la présidence du juge de paix ou du doyen des juges de paix, avec le concours des présidents ou assesseurs qui auront siégé au chef-lieu.

Art. 7. Le recensement général des votes étant terminé, le président en fera connaître le résulfat. Il proclamera député à l'Assemblée nationale celui des candidats qui aura satisfait aux deux conditions exigées par l'article 1er de la loi du 18 février 1873.

Art. 8. Si aucun des candidats n'a obtenu la majorité absolue des suffrages et le vote en sa faveur du quart au moins des électeurs inscrits, un second tour de scrutin aura lieu le deuxième dimanche qui suivra le jour de la proclamation du résultat du premier scrutin.

Art. 9. Aussitôt après la proclamation du résultat définitif des opérations électorales, un des doubles du procès-verbal de recensement général, ainsi que des procès-verbaux des assemblées des communes, tant pour le premier que pour le second tour, s'il y a lieu, avec les pièces annexes, seront transmis, par les soins du préfet, au président de l'Assemblée nationale.

Art. 10. Les maires des communes où, conformément à l'article 8 du décret réglementaire du 2 février 1852, il y aurait lieu d'apporter des modifications à la liste électorale arrêtée le 31 mars dernier, publieront, cinq jours avant l'ouverture du scrutin, un tableau contenant lesdites modifications.

Art. 11. Le ministre de l'intérieur est chargé de l'exécution du présent décret.

Fait à Paris, le 13 avril 1873.

Par le Président de la République,

Le ministre de l'intérieur,

E. DE GOULARD.

DEUXIÈME PÉRIODE

LA LUTTE ÉLECTORALE

L'arène est ouverte et les combattants sont en présence : la lutte électorale commence et elle promet d'être vive.

Les Comités se forment pour la candidature officielle. On affiche la proclamation suivante :

Le Comité général d'adhésion à la candidature de M. de Rémusat aux Électeurs du département de la Seine :

Nous convions les électeurs du département de la Seine à prêter énergiquement leur concours, dans la lutte qui va s'ouvrir, à la candidature de M. de Rémusat.

Au milieu de circonstances ordinaires, le département de la Seine eût toujours été fier d'un pareil représentant ; M. de Rémusat est un grand et généreux esprit, et il appartient avec éclat à l'histoire politique et littéraire de notre temps.

Aujourd'hui, il a un titre de plus à la sympathie respectueuse de ses concitoyens : son nom représente le grand œuvre de la libération du territoire, que quelques-uns, dans leur ingratitude, oublient déjà, avant qu'il soit seulement accompli, et sa candidature est une candidature de patriotisme et de reconnaissance !

Enfin, elle est une candidature de conciliation sur le terrain où doivent se rencontrer tous les hommes sincèrement dévoués à leur pays : elle est la répudiation énergique des idées radicales et une adhésion ferme à la République conservatrice et modérée.

Allou. — André (Alfred). — Beudant (Charles). — Callon. — Carlhian — Christofle. — Dehaynin (Albert). — Dehaynin (1) (Félix). — Denormandie. — Dietz-Monnin (2). — Dubief (3). — D'Eichthal. — Ferry (Emile). — Gille. — Gouin. — De la Grandière. — Larsonnier. — Lavocat. — Lecomte (Eugène) (4). — Le Berquier (Jules). — Louvet (Arthur). — Louvet (Eugène). — Marseaux. — Meunier (Ch.) — Person (A.). — Picot (Georges). — De Plœuc (marquis de). — De Pressensé. — De Reims. — Richefeu (5). — Rousse (6). — Saglier. — Sebert. — Tollu. — Vautrain. — Wolowski.

14 avril 1873.

(1) Plébiscitaire.

(2) Ex-candidat de l'*Union de la presse* (*Figaro, Univers*, etc.).

(3) Plébiscitaire.

(4) Ancien député officiel.

(5) Signa des circulaires bonapartistes. Une, notamment, signée Richefeu père et fils, se terminait ainsi :

« Reconnaîtrons-nous tant de services signalés en nommant des représentants hostiles au gouvernement de l'empereur? Le pays est avec Napoléon III. Paris se séparera-t-il de la France entière?

« Prouvons le contraire en choisissant des députés dévoués à l'empire et à la liberté!... »

(6) Dix-huit mois après Sedan, à la fin de 1871, dans un discours, appela l'époque impériale : « Les temps où il valait la peine de vivre. »

La *Presse* du 15 assure que M. J.-J. Weiss, le rédacteur du *Paris-Journal,* pose à Paris sa candidature conservatrice et libérale.

Le 16, nouvelle affiche en faveur de M. le comte de Rémusat :

COMITÉ RÉPUBLICAIN

Aux Electeurs du département de la Seine.

Nous sommes à la veille d'une élection qui peut avoir les plus graves conséquences. Tous ont le droit, tous ont le devoir de manifester leur sentiment sur ce que commande l'intérêt de la République.

Deux candidatures sont en présence : celle de M. de Rémusat, celle de M. Barodet.

Lyon venait d'être frappé, et avec lui la cause des institutions municipales. La pensée a surgi dans Paris d'offrir un témoignage de sympathie à la ville-sœur, à la seconde capitale de la France, en même temps que d'affirmer la revendication des libertés municipales. Les électeurs de Paris étaient convoqués, ceux de Lyon ne l'étaient pas. On a proposé d'élire à Paris le maire de Lyon.

Depuis, la situation a changé.

Tous les colléges électoraux vacants sont convoqués, celui de Lyon comme les autres. Leurs élus, quatorze nouveaux représentants du peuple, viendront faire entendre à l'Assemblée la voix de l'opinion publique.

M. de Rémusat a posé sa candidature, non pas seulement sur la consolidation de la République, mais sur la question spéciale et suprême de laquelle dépendent toutes les autres : *l'intégrité du suffrage universel.*

Tous comprendront la portée d'une telle affirmation dans la bouche du ministre qui a été l'habile et patriote collaborateur du Président de la République dans le grand œuvre de la libération du territoire.

L'effet moral de la démonstration parisienne en faveur de Lyon est acquis ; Lyon n'a plus besoin qu'on parle en son nom ; la parole lui est rendue : il saura bien qui charger de parler pour lui.

Le langage de nos adversaires doit nous éclairer sur ce que nous avons à faire. Les journaux hostiles à la République souhaitent à tout prix l'échec de M. de Rémusat (1). Son échec donnerait une force très grande et très dangereuse à la réaction dans l'Assemblée ; son succès assure le suffrage universel et raffermit le gouvernement dans la voie républicaine.

L'intérêt de la République est évident ; l'élection de M. de Rémusat est nécessaire,

> Emm. Arago, député. — Ernest Brelay, ex-adjoint du 10e arrondissement.— Carnot père, député.—Desouches aîné, conseiller municipal de Paris. — E. Duclerc, député. — François Favre, ancien maire élu du 17e arrondissement. — F. Hérold, conseiller municipal de Paris.—L. Journault, député.— Jozon, député. — O. de Lafayette, dé-

(1) MM. Arago, Carnot, Henri Martin, Langlois et Tirard disent :

« Le langage de nos adversaires doit nous éclairer sur ce que nous avons à faire. Les journaux hostiles à la République souhaitent l'échec de M. de Rémusat. »

Les journaux qui combattent la candidature Rémusat sont l'*Avenir*, le *Corsaire*, la *République française*, le *Rappel* et le *Siècle*.

Les journaux qui défendent la même candidature, sont le *Journal de Paris*, le *Français*, le *Journal des Débats*, le *Soleil*.

puté.—Labélonye, député.— E. Lamy,
député.—Langlois, député. — Lenoël,
député.— J. Léveillé, conseiller municipal de Paris.— Ch. Loiseau, conseiller municipal de Paris. — Henri
Martin, député.—Paul Morin, député.—
Noël Parfait, député. — Pretet, conseiller municipal de Paris.— E. Thorel.
conseiller municipal de Paris. — F.
Tirard, député.—F. Turquet, député.—
Warnier (Marne), député (1).

Aussitôt les comités d'arrondissements se forment et lancent leurs manifestes.

Le comité électoral du Xe arrondissement fait afficher la proclamation qui suit :

Chers concitoyens,

Vous voulez comme nous la consolidation des institutions républicaines.

Vous voulez que la France entière se rallie définitivement, avec confiance, au régime qui, après avoir réorganisé le pays, préparé et assuré la libération du territoire, ne tend plus désormais qu'à garantir notre avenir contre les factions qui le menacent.

Vous voulez tous, républicains sincères, vous

(1) Voici les noms des députés de Paris qui ont voté le projet de la Commission des Trente et ont ainsi admis en principe la mutilation du suffrage universel et la création d'une seconde Chambre : André, Arnaud (de l'Ariège), Denormandie, Drouin, Dietz-Monin, général Frébault, Krantz, Laboulaye, Langlois, Lefébure, Littré, Louvet, Marc Dufraisse, Ferdinand Moreau, Morin, Pernolet, marquis de Plœuc, amiral Pothuau, de Pressensé, Léon Say, Siébert, Vacherot, Vautrain et Wolowski.

unir pour réprimer les usurpations, éviter les révolutions et maintenir la paix sociale à l'aide du travail libre et fécond.

Vous voulez rassurer les intérêts moraux et matériels, donner la mesure de votre sage patriotisme et de votre patiente confiance dans le droit.

Vous voulez témoigner votre gratitude au Président de la République et à l'un de ses meilleurs collaborateurs pour les grands services qu'ils ont rendus, et les fortifier dans leur loyale résolution, nettement affirmée, de maintenir l'intégrité du suffrage universel.

Votez donc avec nous pour M. Ch. de Rémusat.

Pour le Comité :

Michel Alcan, ancien constituant, président. — Ernest Brelay, négociant, 34, rue d'Hauteville. — A. Fauler, manufacturier, 30, rue Chabrol. — Grimaut, fabricant, 66, quai Jemmapes. — Jodat, fabricant, 23, rue Château-Landon, vice-présidents.— Hemey, docteur en médecine, 97, boulevard Magenta. — Docteur Fumouze, pharmacien, 89, boulevard Magenta. — Myrtil Hecht, négociant, 20, rue du Château-d'Eau. — Peretmère, négociant, 171, rue du Faubourg-Saint-Martin, secrétaire. — Edmond Degousée, ingénieur, 35, rue Chabrol, trésorier.

Le comité électoral du VII⁰ arrondissement a fait appel aux électeurs de la Seine :

Ne vous demandez pas, si vous, conservateurs libéraux du septième arrondissement, vous auriez spontanément choisi pour vous représenter M. de RÉMUSAT ; si, malgré la modération, la supério-

riorité de son éminent esprit, la loyauté de son caractère, c'est de lui que vous auriez attendu un
complet et fidèle écho de vos propres sentiments ;
ne cherchez pas non plus si, dans sa circulaire, il
y a tel mot qui manque de clarté, telle ommission
qu'on voudrait n'y point voir ; prenez les choses de
plus haut, élevez-vous au-dessus de cette mêlée
passagère ; donnez à votre parti le beau, le noble
rôle du SACRIFICE et de l'ABNEGATION.

Cette proclamation est signée Ludovic Vitet,
président du comité du VIIe arrondissement.

M. H. Cernuschi adresse une lettre au *Temps*,
qu'il fait poser aussitôt sur tous les murs de
Paris :

DECLARATION

DE CERNUSCHI

J'adhère à la candidature de Rémusat. Voici mes
raisons :

Paris est républicain, on le sait partout, jusqu'au
bout du monde. Sur ce point, ni l'Assemblée ni le
gouvernement n'ont besoin d'être avertis.

Mais, à l'approche des élections générales, le parti
républicain a tout intérêt de montrer à la France
que Paris sait se contenir.

Les monarchistes sont nombreux à Versailles et
actifs. Ils ont déjà renversé MM. Victor Lefranc et
Grévy ; ils renverseront M. de Rémusat si nous le
minons nous-mêmes. Je cherche en vain quel bénéfice les républicains peuvent réaliser en repoussant
les hommes qui, comme M. de Rémusat, viennent
à eux.

Qu'a récolté Henri V par son exclusivisme ?

Qu'a récolté Napoléon III en faisant la guerre
sans alliés ?

Républicains, alerte ! Qu'il ne soit pas dit que

notre capacité politique est au niveau de celle de Henri V et de Napoléon III.

HENRI CERNUSCHI.

Le premier manifeste du comité Arago parut insuffisant.

On affiche, le vendredi 18 avril, cette nouvelle proclamation :

Comité républicain

Républicains,

De quoi s'agit-il dans les élections actuelles ?

On jette le trouble dans les esprits en multipliant les questions auxquelles le candidat doit répondre.

Il n'y a qu'une question à cette heure :

L'INTÉGRITÉ DU SUFFRAGE UNIVERSEL

On en soulève d'autres, importantes en elles-mêmes, mais dont il nous est impossible d'obtenir la solution immédiate.

S'imagine-t-on, par exemple, que l'élection de M. Barodet à Paris suffirait pour obliger l'Assemblée à se dissoudre immédiatement, et que cette dissolution, à laquelle nous aspirons tous, pourra être imposée par des manifestations partielles quelconques, avant que la libération du territoire en ait marqué l'heure ?

C'est donc une pure démonstration que l'on propose de faire.

Le temps des démonstrations est passé : il faut agir en vue du succès et concentrer l'action sur le point décisif où elle peut réussir.

Nous le répétons : il n'y a pas d'autre question que le suffrage universel. C'est là le point décisif.

On parle de candidature officielle !

Qu'y a-t-il de commun entre les choses actuelles et le système de pression, d'intimidation, de corruption

que l'on qualifiait de ce nom? Et quelle pression,
quelle intimidation, quelle corruption le gouvernement actuel pourrait-il exercer sur les électeurs
de Paris?

Ne disputons pas sur de vains mots. Les adversaires de M. de Rémusat nous disent : « C'est le
gouvernement, ce n'est pas.M. de Rémusat seul qui
pose sa candidature. »

Supposons-le avec eux! Eh bien, alors, que signi
fie cette candidature?

Ceci :

— Electeurs parisiens! nous dit le gouvernement,
je soutiens avec vous l'INTÉGRITÉ DU SUFFRAGE UNI-
VERSEL.

SOUTENEZ-MOI.

Toute la portée de la candidature Rémusat est
dans ce mot : l'*intégrité du suffrage*.

Un tel mot, dans une telle bouche et dans un tel
moment, n'a pas deux sens. Notre langue n'en four-
nit pas de plus clair.

Les adversaires de la République n'y trouvent
point d'équivoque. Il suffit de les écouter ou de les
lire.

C'est là-dessus que le gouvernement aura bientôt
à soutenir un assaut redoutable. Tout le monde le
sent, tout le monde le voit.

Fortifierons-nous ou affaiblirons-nous le gouvernement de M. Thiers à la veille de cette lutte?

Accepterons-nous ou repousserons-nous la main
qu'il nous tend?

Le mettrons-nous entre deux feux, quand il ar-
bore notre drapeau?

Referons-nous, pour nous donner une satisfaction
de sentiment et pour infliger, comme on dit, une leçon au pouvoir ; referons-nous contre ce pouvoir,
qui, après tout, et malgré tout, représente la République, et au sort duquel la République est étroi-
tement liée, referons-nous ce que nous faisions contre des gouvernements dont nous condamnions le

principe et que nous aspirions à remplacer par la République?

—Mais nous ne faisons point la guerre à M. Thiers ni à son gouvernement, s'écrient les adversaires de la candidature Rémusat; nous ne voulons ni le renverser ni l'ébranler.

—Eh! nous le savons bien, que vous ne le voulez point! *Mais il s'agit, non de ce que vous voulez, mais de ce que vous faites;* — non de vos intentions, mais des conséquences.

Vous ne lui faites pas de guerre; mais, pourtant, si vous êtes vainqueurs, qui donc vaincrez-vous, si ce n'est lui?

Est-ce que toutes les voix de la réaction ne proclameront pas qu'il est vaincu, et vaincu par l'abandon des républicains, après avoir affirmé le suffrage universel?

Nous répondez-vous du lendemain de votre victoire?

Si vous en répondez, vous êtes bien hardis! Pour nous, nous voyons trop clairement qui en recueillerait le bénéfice. Et Dieu veuille que ce bénéfice ne soit pas votre ruine et la nôtre!

Dans le cas contraire, si, en vous obstinant à la lutte électorale, vous ne triomphez pas, il sera sans doute regrettable que le succès ait été obtenu contre une partie des républicains; mais enfin comment douter que le gouvernement de M. Thiers n'en soit affermi, et qu'il ne soit plus fort pour résister à la réaction et défendre le suffrage universel?

Ah! qu'il vaudrait mieux pour tous qu'il n'y eût pas de conflit entre ceux qui servent sous le même drapeau! et quelle force morale, irrésistible, aurait le grand parti républicain, uni sur le terrain du suffrage universel!

Réfléchissez-y, quand il en est temps encore, et que tous les bons citoyens y réfléchissent.

Pour le Comité républicain :

Carnot, président. — Emmanuel Arago, H. Martin, vice-présidents. — Fr. Favre, Hérold, secrétaires.—Ernest Brelay, trésorier.

Le comité républicain reçoit et publie une déclaration couverte d'un certain nombre de signatures:

Les électeurs soussignés vous adressent leur adhésion à la candidature de M. de Rémusat.

Sa participation à la libération du territoire, sa profession de foi catégorique en faveur de l'organisation de la République et de l'intégrité absolue du suffrage universel, enfin l'appui constant et loyal qu'il a prêté au Président de la République dans les luttes difficiles qu'il soutient contre les adversaires de la forme républicaine, sont, à notre sens, des titres suffisants pour engager tous les républicains à donner leurs voix à M. de Rémusat.

A. Vavasseur, 10, rue du Caire. — Michel Alcan, ancien constituant, 90, Faubourg-Poissonnière. — Docteur Frère, 15, rue Charlot. — Joseph Farcot, St-Ouen (Seine). — Trélat, architecte, 43, rue Richelieu. — Vasnier, boulevard Sébastopol, 5. — Eugène Stahl, rue de Dunkerque, 62. — Eveillard, 47, rue Condorcet. — Bertrand, boulevard Beaumarchais, 69. — Thouret, rue d'Aumale, 14. — Louis Rey, 41, rue d'Auteuil. — Périssé, 8, boulevard Courcelles. — Gauthier, 53, avenue Wagram. — Dumouza, rue St-Georges, 17e arrondissement. — Artus Langlois et Armand Langlois, 52, rue des Petites-Ecuries. — Mausuy, 220, faubourg St-Honoré.

Cependant le *Congrès* ne perd pas son temps, il communique aux journaux cette note :

CONGRÈS ÉLECTORAL RÉPUBLICAIN DE LA SEINE

Réunion du 18 avril 1873

La séance a été consacrée à la discussion du manifeste. Le congrès a décidé que la circulaire du citoyen Barodet serait publiée dans Paris, et que cette circulaire serait précédée de la déclaration suivante :

« Le Congrès électoral républicain démocratique « de la Seine, convaincu qu'il est d'un intérêt na-« tional suprême de sortir de l'équivoque, adopte « à l'unanimité la candidature du citoyen Barodet, « et prend sa circulaire pour manifeste. »

Voici les candidats excentriques qui apparaissent. M. Marcus Allart fait placarder cette profession de foi sur papier tricolore :

MARCUS ALLART

Tricolore et sans livrée
Montre-toi toujours.
BÉRANGER.

ÉLECTEURS DE LA SEINE,

Le moment est terrible, et l'on vous invite *une dernière fois* à délibérer, pour ainsi dire, encore *sous les yeux de l'ennemi!*
Votre vote, *le vote de Paris, le vote de la Seine,* va peser d'un poids décisif dans la balance de l'ave-

nir, car LA FRANCE NOUS REGARDE, et elle sait que le vote de Paris est presque aussi redoutable que ses batailles ! ! !

A Versailles, l'Assemblée vient de rompre le pacte de Bordeaux, et de préluder à ce gouvernement qu'elle ose appeler : « UN GOUVERNEMENT DE COMBAT ! » Le gouvernement de l'Espagne, sans doute, où l'on s'égorge sans pitié, ni merci ! Est-ce donc là ce que doit être l'avenir de la France ? de cette malheureuse France qui, hier encore, *faisait trembler le monde ? ?*

Non ! non ! Assez de guerre civile ! *nous ne voulons pas* envenimer *les plaies de la patrie pour en vivre !* Nous voulons nous entendre, nous voulons TRANSIGER les uns avec les autres. Nous voulons sauver la patrie, nous sauver nous-mêmes, qui sommes ses enfants, groupés encore éperdus sous son drapeau ; ce drapeau que le monde naguère saluait encore *comme on salue l'Espérance !!*

Ce malheureux drapeau que nous avons tous essayé de défendre, et que nous avons tous peut-être mal défendu, mais que nous voulons mieux défendre demain ! Nous voulons nous serrer sous ses plis *en pensant à ces jours de lutte qui nous rapprochaient ;* à nos espérances déçues qui ne se sont que trop transformées en dissensions et en injures, et qui ne doivent plus être que les espérances communes de demain, *si nous voulons vivre encore parmi les nations de la terre !*

Aussi, point d'abstention, sachez dire HAUT ET FERMEMENT ce que vous voulez : « *La transaction et la concorde, qui seules peuvent sauver la patrie !* »

Et puisqu'il n'y a point d'autres candidats que *les candidats officiels du Radicalisme et de l'Orléanisme,* de ces partis qui ont pris LES DÉFAITES DE LA PATRIE POUR LES VICTOIRES DE LEUR INTELLIGENCE ; c'est au nom de cette CONCORDE ET DE CETTE

4.

TRANSACTION que je me présente à vous. Aux temps nouveaux il faut peut-être des hommes nouveaux.

Si ceux qui sont indépendants parmi vous veulent m'envoyer à Versailles, voici ce que je dirai à la chambre et A CE GOUVERNEMENT PROVISOIRE EQUIVOQUE....... FONDE PAR DES GENS EQUIVOQUES :

« Aussitôt que l'ennemi aura évacué le territoire, « le 1ᵉʳ octobre prochain, AMNISTIE, LEVÉE DE L'É- « TAT DE SIÉGE et *consultation du suffrage univer-* « *sel* LIBRE, INTACT ET DIRECT, *pour savoir sous* « *quelle forme de gouvernement veut vivre la* « *France!!*

Penser à nommer une seconde Chambre avant d'avoir tranché la question de gouvernement, ET LA NATION SEULE PEUT LA TRANCHER, ce serait, à mes yeux, insensé; car une seconde Chambre ne s'entendra pas plus que la première..... *On peut même prévoir qu'elle s'entendra bien moins* que celle dont nous avons tous les jours sous les yeux les renaissantes discordes, *la France n'étant plus alors occupée par l'ennemi!!!*

Et comme il faut qu'entre vous et moi tout soit sincère et net, je viens vous dire d'avance que j'écrirai sur mon bulletin de vote : LE JOUR OU ON CONSULTERA LA NATION : **Empire :** comme je l'ai déjà écrit, d'ailleurs, à tous les plébiscites, prêt, comme je l'étais, et comme je le suis toujours, *pour le bien du pays,* à accepter les lois *loyalement et dignement* exprimées, de la MAJORITE!!! Si l'Empire a erré et a été malheureux, il n'a pas toujours erré et n'a pas toujours été malheureux. Il a enlevé aux ouvriers l'obligation du livret, et *il les a fait fiers et libres;* il leur a permis de s'entendre pour la commune défense de leurs intérêts; il a donné un essor inconnu jusqu'à lui aux richesses de la France; il a fait de Paris la plus belle ville du monde! il a donné la vie à l'Italie, et ni Paris ni l'Italie n'ont oublié ces grands jours *où* *nous courions ensemble à la victoire!!* En votant pour l'Empire, je n'oublierai pas ces grands jours qui nous rendaient *Nice et la Savoie!* et qui *pouvaient nous faire espérer* **d'autres restitutions?**

Je voterai pour un Empire allié de l'Italie, allié de l'Espagne, unies toutes deux, comme nous, à l'abri d'un drapeau tricolore, qui est et sera, comme le nôtre, l'immortel et sacré SYMBOLE *de la Révolution de* 1789 !!!

Mais il faut que ce torrent de la Révolution, que les Napoléons ont su utiliser, en le faisant rentrer dans son lit, pour organiser l'ordre civil et la puissance de la Patrie, leur serve et nous serve aussi à organiser l'ordre religieux de l'avenir. C'est le JAMAIS, *prononcé, à l'instigation de MM. Thiers et Berryer, pour sauver le temporel et la papauté, qui nous a perdus,* en jetant l'Italie dans les bras de la Prusse. Et la Révolution, cependant, a brisé chez nous ce pouvoir temporel! Mais la RELIGION *n'a jamais accepté cet état de choses, et l'état civil ne peut pas plus longtemps vivre en guerre ouverte avec l'état religieux. Il faut réformer la religion, comme on a réformé la politique. Le travail est fait dans tous les esprits,* et nous savons tous *qu'il ne faut plus que la Religion se réclame d'un pouvoir ennemi juré de toutes les conquêtes de la civilisation moderne.*

Il faut que l'Etat encourage, préconise les RÉFORMES RELIGIEUSES qui rendront la *Religion* respectable et sincère. CONSERVONS EN RÉFORMANT. Le clergé de l'avenir doit être marié comme le clergé d'Angleterre, comme le clergé de Russie, comme le clergé d'Amérique, comme le clergé d'Allemagne...... VOULONS-NOUS DONC ÊTRE MOINS ÉCLAIRÉS QUE NOS ENNEMIS??

Et voyez quels seraient ici les premiers fruits de cette sage TRANSACTION. Cette question de l'enseignement, si âpre, si violente, ne perdrait-elle pas toute cette âpreté et toute cette violence si nos enfants A TOUS n'avaient plus affaire qu'à un clergé marié? On nous a dit dans l'ordre civil et politique : « *La liberté violée dans la personne d'un individu* « *est une menace à la liberté de tous les autres. Et* « *vous tous, pères de famille comme moi, n'avez-vous* « *donc pas senti que la chasteté violée d'un enfant* « ÉTAIT UNE INFAME MENACE A LA CHASTETÉ DE TOUS « LES AUTRES ENFANTS? »

Et ne voyons-nous pas les journaux et les tribu- *naux retentir tous les jours des plus* HONTEUSES, DES PLUS ABOMINABLES, DES PLUS EFFROYABLES AF-FAIRES ???

Le célibat et la confession sont des institutions sorties du Vatican et non de l'Evangile? Les temps sont mûrs pour aborder ces réformes : le père Hya-cinthe se mariait hier..... d'autres pasteurs vont se marier demain..... et nous aurons notre RELI-GION NATIONALE APPUYEE SUR L'ÉVAN-GILE, *comme l'Angleterre, comme la Russie, comme l'Amérique, comme l'Allemagne, comme le monde entier a la sienne, appuyée aussi sur ce même Evangile en dehors duquel il n'y* A POINT DE DIEU, ET EN DEHORS DUQUEL IL N'Y A QUE BLASPHEME!!!

L'Empire a toujours respecté les grandes libertés de 1789, et la liberté de conscience, qui est peut-être la première de toutes. MAIS QU'IMPORTE LA LIBERTÉ SI NOUS NE SAVONS EN USER ET LA METTRE EN PRATIQUE? *Réformons-nous donc au lieu de blasphémer ou de faire des miracles!!!* Pensons devant Dieu, *le Dieu de l'É-vangile, et devant nos enfants, à ce que la patrie pourra encore nous demander de sacrifices un jour!*

Oui, je suis bonapartiste, c'est vrai! Mais j'en-tends par ces mots un RÉVOLUTIONNAIRE DISCIPLINÉ, qui veut avec un gouvernement **fort** et **armé**, dans un pays **désormais** ouvert et *sans fron* *tières????* Un gouvernement qui a pris et prendra à la Révolution *tout ce qu'elle a apporté aux hommes, de sage et de pratique !!* Et je n'appellerai jamais sages et pratiques ces partis dont les uns maudissent ces mots : **Dieu et Patrie**, comme des termes vides, hypocrites et sans nom : et ces partis dont la patrie est *la Rome papale*, qui, aux portes de la France *avec Henri V*, de l'Italie avec les fils du *Roi-Bomba et du duc de Modène*, de l'Espagne *avec Don Carlos et l'innocente Isabelle*, veut faire remonter le genre humain aux beaux jours de l'inquisition et du moyen âge !!

Coupons le câble qui nous retient encore à Rome, et notre RÉFORME MORALE équilibrera ENFIN notre RÉFORME POLITIQUE. L'avenir, *un grand, noble et puissant avenir est à ce prix !!!*

Français et Parisiens, votez pour moi! Electeurs INDÉPENDANTS, votez pour moi! *Votez en hommes libres pour un homme libre !!* et en votant pour moi, vous traceriez en quelque sorte sa route à *l'Empire nouveau*... IL A DIT QU'IL ÉTAIT UNE PAGE BLANCHE... Inscrivez-y mes idées : « AMNISTIE PLEINE ET ENTIÈRE; *levée de l'état de « siége; consultation du suffrage universel libre, « intact et direct; mariage du clergé, suppression « de la confession, et gouvernement, église et ar- « mée nationales;* » pour marcher ensemble vers un grand et puissant avenir, digne de notre grand et puissant passé; et sachons bien nous dire tous :

> « Aux bords de la Seine ou du Tibre,
> « Sous un consul ou sous un roi,
> « *Sois ferme, tu seras libre;*
> « TON INDÉPENDANCE EST EN TOI. »

MARCUS ALLART

Homme de lettres, auteur de *Nationalité et Religion*, de *Nos Frontières Morales et Politiques*, et d'*Un Électeur à son retour de Chislehurst*.

4.

Les adhésions du grand commerce, du commerce à priviléges et à monopoles continuent :

Comité des Halles

Secrétariat : rue Pierre-Lescot

CANDIDAT

DE RÉMUSAT

Les électeurs soussignés recommandent à leurs concitoyens la candidature de M. de Rémusat, Ministre des affaires étrangères, qui soutient avec éclat la politique de M. Thiers, et qui a si puissamment contribué à la libération du territoire.

Anthelme, facteur. — Assailly (Zacharie), commissionnaire.—Audaux, facteur. — Augeron, facteur. — Bodin, négociant. — Borel. — Bourdon, facteur. — Broune, facteur. — Capmartin (F.), fermier de la ville de Paris. Carré de Chauffour. — Cault (L.), négociant.— Chas, négociant.—Darblay (N.-C.), ❋ négociant (1). — Dutailly, facteur. — Dutailly fils (Georges). — Dunand. — Erhard, facteur. Freté, Muret et Cᵉ, négociants. — Fourcaud (J.-N.-C.), armateur. — Fourcaud (E.). — Gauthier, facteur. Gosselin, facteur.—Lecœur, facteur. Lecomte jeune, commissionnaire. — Lépine, négociant.—Linard.— Noel, facteur. — Revillon-Jancke père et fils, négociants. — De Ribeaucourt, facteur. — Terra (N.-C.), ❋ facteur. Tournu.—Vaudremer. — Wolff (E.), imprimeur (2).

(1) M. Darblay est, si je ne me trompe, un candidat officiel à perpétuité.

(2) Les facteurs de la Halle sont des fonctionnaires. Sous l'Empire, ils signaient des proclamations bonapartistes.

Dans le XVIIe arrondissement se forme aussi un comité pour soutenir M. de Rémusat :

Comité libéral du XVIIe arrondissement.

Dans sa séance générale du 19 avril, le comité libéral du XVIIe arrondissement a déclaré à l'unanimité, moins une voix, adopter la candidature de M. de Rémusat.

Il se rallie au comité général d'adhésion, et engage tous ses concitoyens à soutenir énergiquement cette candidature au nom de leurs intérêts les plus sacrés, au nom de la patrie.

Le président,

ERNEST GOUIN.

Les membres du bureau :

Ch. de Cullant, Duchesne, Ch. Duprez, Lucien Puteaux, Séroin, A. Vautrain, D. Annes, Félix Basseville, Beigbeder, Berty, Benoît du Portail, Bilare, Bohler, E. Chennevières, Coursin, A. Collinet, Duchesne fils, Duchesnay, Duris de Vauxbidon, Drecq, Dumas, Duthoit, Gleyrose, Grillière, Héraud, Jossé, Jacquemart, Landelle, Lange, Lamon père, Théodore Lelong, Lecourt, Lamon fils, Martin Monminot, Edgar de la Motte, Soyard, de Tracy, Grandjean, etc., etc., etc.

Paris, le 19 avril 1813.

Vu : DE RÉMUSAT.

Depuis quelques jours, les comités patronnant M. de Rémusat circonvenaient M. Grévy. Le 20, le

Soir publie cette déclaration. Elle est immédiatement affichée à profusion sur les murs :

DÉCLARATION

DE

M. GRÉVY

M. Jules Grévy (1), qui vient de rentrer à Paris,
s'est rendu aujourd'hui au Comité électoral présidé
par M. Carnot. Après avoir félicité le Comité de ses
efforts, il a ajouté les paroles suivantes :

« **Au point de vue de l'affermissement de la
République, la candidature de M. Barodet est
une grande faute.**

« **Dans la situation si difficile que lui font les**

(1) Tandis que M. Grévy patronne à Paris la candidature
de M. de Rémusat, il se montre, dans le Jura, très favorable à celle de M. Gagneur, son ancien collègue de la
gauche du Corps législatif.
Or, la candidature de M. Gagneur a un caractère tout
différent de celui de la candidature Rémusat.
M. Gagneur déclare dans sa circulaire que « son premier devoir sera de demander la dissolution, à bref délai,
de cette Assemblée. »
M. Grévy n'a donné à la candidature Rémusat qu'une
adhésion verbale et assez vague, tandis que la déclaration adressée au Comité Gagneur est des plus nettes et
porte sa signature.
« J'espère que Gagneur sera nommé, et qu'entre la
République, dont il est le candidat dans cette élection,
et la monarchie, que paraît y représenter son adversaire,
le Jura n'hésitera pas,
                                        « JULES GRÉVY. »

partis de l'Assemblée, le gouvernement a besoin qu'on lui donne de la force contre les ennemis de la République et non un avertissement intempestif, qui ne serait pour lui qu'un échec et un affaiblissement plein de périls.

« Il est d'ailleurs souverainement impolitique, — lorsque le pays, se dégageant de ses longues préventions, vient enfin à la forme de gouvernement appropriée à son état social, la seule qui puisse fermer l'ère de ses révolutions et lui restituer, avec l'ordre, la paix et la liberté, sa prospérité et sa grandeur, — de fournir des prétextes à ceux qui cherchent à l'effrayer pour la faire reculer encore une fois. »

M. Grévy a déclaré, en finissant, « qu'il se fait un devoir de conseiller à tous ceux qui viennent le consulter de voter, comme il le fera lui-même, pour M. de Rémusat, qui a bien servi la France, et qui, par sa conduite et ses déclarations, s'est rallié franchement à la République. »

Un nombre considérable d'affiches portant le nom de M. Barodet avaient été lacérées ou enlevées.

Une lettre est transmise, à ce sujet, au président du Casino-Cadet :

« Ce matin, 21 avril, à six heures moins le quart, j'ai été témoin du fait qui suit :

« Chacun a pu voir les affiches, les nombreuses affiches, annonçant la candidature de M. de Rémusat.

« J'affirme avoir vu un officier, accompagné de trois soldats, qui faisait arracher les affiches, portant le nom de BARODET, apposées sur les murs de la Banque de France.

« Une marchande de journaux, dont je puis donner le nom et l'adresse, a également vu le fait et a été menacée d'être conduite au poste pour avoir témoigné son indignation.

« Je crois qu'il est bon de donner de la publicité à ce fait, qui rappelle trop les procédés de l'empire.

« Signé : Just,
« 38, boulevard Sébastopol. »

Les comités Rémusat cherchent de nouveaux adhérents.

Une réunion d'électeurs du Xe arrondissement a lieu, à huit heures du soir, 21, rue des Petits-Hôtels, sous la présidence de M. Dietz-Monnin, député de la Seine.

L'assemblée approuve la profession de foi de M. de Rémusat, et décide l'envoi à tous les électeurs de l'arrondissement de la circulaire suivante :

« Électeurs] du Xe arrondissement]

« L'élection d'un député va avoir lieu à Paris.

« M. de Rémusat, ami de M. Thiers et son habile
« collaborateur pour la libération du territoire et
« la fondation de la République, se présente aux
« suffrages de Paris, sa ville natale.

« Voter pour M. de Rémusat, c'est affirmer une
« fois de plus la politique de M. Thiers.

« Elire M. de Rémusat, ce sera faire acte de
« patriotisme et de reconnaissance.

« Nommer M. de Rémusat, c'est aider M. Thiers
« à consolider en France le gouvernement républi-
« cain.

« Que le Xe arrondissement vote donc tout d'une
« voix pour M. de Rémusat!

« Et que personne ne manque au scrutin du
« 27 avril; l'abstention serait d'un mauvais ci-
« toyen! »

M. Edouard Laboulaye, (1) député de la Seine,
adresse au *Journal des Débats* une lettre dont nous
extrayons le passage suivant, relatif à la signification donnée par lui à la candidature Barodet :

Au contraire, que représente la candidature de
M. Barodet, cette candidature inventée par des
Comités anonymes, ce qui semble étrange dans un
pays libre, où chacun doit avoir la responsabilité
de son opinion?

Est-ce la liberté? Mais M. Barodet et ses amis du
Conseil municipal de Lyon ont foulé aux pieds la
liberté de conscience et la liberté d'enseignement :
la liberté de conscience, en chassant les Frères des
écoles, dans une ville où la majorité de la population est catholique; la liberté d'enseignement, en
essayant d'anéantir la Société d'instruction pri-
maire du Rhône, association laïque la plus an-
cienne de France et la plus considérée. Son crime,
il est vrai, était de respecter la croyance de ses
élèves et de mener les enfants au catéchisme, soit
à l'église, soit au temple. L'homme qui s'est associé
à des actes semblables a-t-il le droit de parler au
nom de la liberté?

Est-ce la cause des franchises municipales que
représente M. Barodet? Pas davantage. Je regrette
pour ma part que l'Assemblée ait fait une loi d'ex-
ception pour Lyon; j'ai voté contre cette loi, que
je trouve mauvaise; mais qui donc a poussé l'Assemblée à prendre cette mesure, sinon l'attitude
du maire de Lyon et de ses amis? Quelle est la loi
que n'ont pas violée le Conseil municipal de Lyon
et son chef? Quelle autre loi ont-ils reconnue que
leur bon plaisir? Peut-on se présenter comme mar-
tyr d'une cause, quand on l'a volontairement com
promise par sa faute et son obstination? Non; si la

(1) On connaît le zèle plébiscitaire dont fit preuve
M. Laboulaye.

liberté municipale n'a pu se maintenir à Lyon, le vrai coupable, c'est l'homme qui a oublié que, dans une République plus qu'en tout autre gouvernement, le premier devoir du magistrat, c'est d'être l'esclave de la loi.

Est-ce la République que représente M. Barodet ? Comment donc sa candidature est-elle repoussée par les républicains les plus considérables et les plus éprouvés ? Comment cette candidature réjouit-elle les journaux qui ne passent point pour aimer la République, et qui certainement ne lui souhaitent pas une longue vie ? Cette sympathie inattendue n'est-elle pas faite pour inquiéter les moins clairvoyants ?

Qu'il le veuille ou non, M. Barodet est le candidat d'un parti qui depuis quatre-vingts ans n'a jamais pu souffrir une liberté régulière; d'un parti qui n'a jamais de cesse jusqu'à ce que, d'agitations en agitations, il ait ruiné la République et jeté dans les bras du despotisme un pays affamé de repos : M. Barodet est le candidat de la révolution.

Si le mot paraît excessif, qu'on se demande à qui profiterait l'élection de M. Barodet. A M. Thiers ? Il en serait affaibli. La défaite de M. de Rémusat est la sienne. A la République ? On répétera sur tous les tons que la République est le triomphe des partis extrêmes et ne peut constituer un gouvernement durable. Au suffrage universel ? On dira qu'avec lui la société est sans cesse menacée. Quand on aura ainsi semé l'inquiétude, on peut être sûr qu'on récoltera la révolution. Si la République a quelque chance de s'établir, ce ne peut être qu'à force de modération et en poussant jusqu'au scrupule le respect des lois. Est-ce la modération, est-ce le respect des lois que représente M. Barodet ?

Un autre député de la Seine, M. Pernolet, adresse au même journal une lettre où il précise la question électorale, et la formule en ces termes :

La véritable question qui se posera, dimanche prochain, sur les noms Rémusat et Barodet, est des plus simples et peut être formulée en deux phrases A part la très faible et fort peu patriotique coalition de bonapartistes, de cléricaux et de légitimistes qui vient de se manifester avec plus de sincérité que de pudeur à la salle Herz, deux républiques vont se trouver en présence au scrutin du 27 avril. Ceux qui voteront pour M. de Rémusat diront par là qu'ils veulent fonder la République en France sur le rapprochement de tous les partis; en admettant que tous peuvent avoir quelque côté respectable qui mérite d'être conservé dans l'intérêt commun. Ceux qui voteront pour M. Barodet diront par là qu'ils repoussent toute idée de légalité et de tolérance, et qu'ils prétendent imposer à la France, sans plus tarder, toutes ces théories inconsidérées et exclusives qui s'étalent depuis deux ans dans les journaux, dans les discours, et, quand ils l'ont pu, dans les actes des meneurs du parti radical.

Qu'on se persuade bien qu'il n'y a pas, qu'il ne peut y avoir d'autre question pour le moment et que chacun vote en conséquence !

Le parti démocratique, laissant de côté toutes ces élucubrations, continuait son œuvre. Il communique, le 22 avril, la note suivante à la presse :

CONGRÈS RÉPUBLICAIN DÉMOCRATIQUE DU DÉPARTEMENT DE LA SEINE

Le Congrès républicain démocratique, composé des 184 délégués des 22 arrondissements du département de la Seine, a tenu hier soir, 22 avril, sa troisième séance.

Chacun des Comités d'arrondissement a rendu compte de la situation au point de vue de l'organisation électorale.

Le Congrès a décidé qu'il ferait afficher l'adhésion à la candidature Barodet, de l'Union républicaine et des membres de la gauche du Conseil municipal.

Le Congrès a, en outre, décidé qu'il publierait un manifeste émanant de lui, avant le jour de l'élection.

Voici ces deux documents :

CONGRÈS RÉPUBLICAIN DÉMOCRATIQUE
DE LA SEINE

Les 184 DÉLÉGUÉS, élus par les 22 arrondissements de la Seine, au *Congrès républicain démocratique*, sont heureux de porter à la connaissance des électeurs le Manifeste et la Déclaration qui suivent :

Aux Électeurs du département de la Seine

Citoyens,

On nous demande de faire connaître notre opinion sur l'élection du 27 avril 1873 et sur le choix de M. BARODET comme candidat de la Démocratie parisienne.

Convaincus que le devoir des représentants du peuple consiste bien plutôt à rendre des comptes à leurs commettants qu'à leur donner des conseils électoraux, notre premier sentiment a été de nous abstenir. L'intervention de quelques hommes publics, dont nous respectons d'ailleurs les intentions, nous oblige à rompre le silence.

Avant l'ouverture de la période électorale, toujours animés pour le gouvernement de M. Thiers des sentiments qui lui ont valu notre concours dans toutes les circonstances décisives, nous avons appelé son attention sur les dangers de la candidature de M. de Rémusat, et nous l'avons vivement engagé à ne pas la poser.

Le gouvernement s'est obstiné.

Le caractère officiel et la signification équivoque de cette candidature ne permettaient pas aux électeurs républicains de la Seine de l'adopter. Nous ne pouvions donc, sans trahir nos devoirs et les intérêts de la démocratie, appuyer M. de Rémusat. Nous avons donné, comme électeurs et comme représentants, notre adhésion à la candidature de M. BARODET, ex-maire de Lyon, parce qu'elle exprime complétement toutes les idées dont nous voudrions voir enfin le gouvernement de la République s'inspirer dans la gestion des affaires du pays.

Nous sommes persuadés que la cause de la République, de la démocratie, de l'ordre républicain, de la paix sociale, est intimement liée au succès de la candidature de M. BARODET.

Avec lui, comme lui, nous demandons la dissolution de l'Assemblée actuelle, nous réclamons la convocation d'une nouvelle Assemblée, capable de proclamer l'amnistie, de lever l'état de siége, de fonder la République, de l'organiser, et d'assurer enfin, sous l'égide d'institutions démocratiques respectées, la prospérité et la grandeur de la France.

Paris, le 21 avril 1873.

Edmond Adam, électeur et représentant de la Seine. — P. Bert, représentant de l'Yonne. — Louis Blanc, électeur et représentant de la Seine. — Bouchet, représentant des Bouches-du-Rhône. — Emile Brelay, électeur et représentant de la Seine. Henri Brisson, électeur et représentant de la Seine. — Carion, représentant de la Côte-d'Or. — Cazot, électeur de la Seine et re-

présentant du Gard. — Challemel-
Lacour, électeur de la Seine et
représentant des Bouches-du-Rhône.— A Corbon, électeur et représentant de la Seine.— Cotte, représentant du Var.—Daumas, représen-
sentant du Var. — Dupuy, représentant de la Drôme. — Esquiros, re-
sentant des Bouches-du-Rhône. —
Farcy, électeur et représentant de
la Seine.—Ferrouillat, représentant
du Var. — Léon Gambetta, électeur
et représentant de la Seine. — A.
Gent, représentant de Vaucluse, —
L. Greppo, électeur et représentant de la Seine. — Jacques, représentant de l'Algérie. — Joigneaux,
électeur de la Seine et représentant
de la Côte-d'Or. — Henri de Lacre-
telle, représentant de Saône-et-
Loire.—Laflize, député de Meurthe-
et-Moselle.— A. Lambert, représentant de l'Algérie.—Laurent-Pichat,
électeur et représentant de la Seine.
— Lepère, représentant de l'Yonne.
— Ancelon, représentant de Meur-
the-et-Moselle. — Marck, représentant de la Guyane.—Millaud, représentant du Rhône.—Alfred Naquet,
électeur de la Seine, représentant de
Vaucluse. — Ordinaire, représentant
du Rhône.— Peyrat, électeur et représentant de la Seine. — Edgar
Quinet, électeur et représentant de
la Seine.—Rouvier, représentant des
Bouches-du-Rhône.—Sansas, représentant de la Gironde. — V. Schœl-
cher, électeur de la Seine, représentant de la Martinique.—Tiersot, re

présentant de l'Ain.— Henri Tolain, électeur et représentant de la Seine. —Martin-Bernard, électeur et représentant de la Seine.

DÉCLARATION

En présence des adhésions publiques qu'a rencontrées, de la part de quelques membres du Conseil municipal de Paris, la candidature officielle, nous croyons de notre devoir de faire connaître à notre tour notre opinion.

Nous ne votons pas pour M. de Rémusat.

Convaincus que la politique d'équivoque, en inquiétant le pays, est le véritable obstacle au développement du travail, des affaires et de la prospérité publique, nous ne pouvons voter pour le membre d'un cabinet dont tous les actes ont été inspirés par cette politique, et dont les projets constituants menacent, en ce moment même, l'intégrité absolue du suffrage universel et la liberté de la future Assemblée.

Nous voulons, nous aussi, donner de la force au gouvernement, mais une force qu'il puisse employer au service de la République, et non contre les intérêts démocratiques.

Nous voterons pour l'ancien maire de Lyon, Barodet, dont la candidature signifie :

Respect des franchises municipales ;

Dissolution de l'Assemblée ;

Intégrité absolue du suffrage universel ;

Convocation d'une Assemblée unique qui, seule, pourra, par l'amnistie et la levée de l'état de siége, effacer les traces de nos discordes civiles.

Allain-Targé, conseiller municipal. — Arrault, conseiller municipal.—Braleret, conseiller municipal.— Cadet, conseiller municipal. — Cantagrel, conseiller municipal.—Emile Chevalier, conseiller municipal — Clémenceau, conseiller municipal.—Cléray, conseiller municipal— Combes, conseiller municipal.—Denizot, conseiller municipal. — Dumas, conseiller municipal.—Dupuy, conseiller municipal. — Ch. Floquet, conseiller municipal.—Dr Frébault, conseiller municipal. — S. de Hérédia, conseiller municipal.—Hérisson, conseiller municipal.—Jacques, conseiller municipal.—Jobbé-Duval, conseiller municipal.—Lamouroux, conseiller municipal.—Leneveux, conseiller municipal.—Éd. Lockroy, conseiller municipal. — Perrinelle, conseiller municipal.—Ranc, conseiller municipal.— Rigault, conseiller municipal. — Dr Thulié, conseiller municipal — Vauthier, conseiller municipal.—Grosse-tête, conseiller de l'arrondissement de Saint-Denis. — Dubois, conseiller de l'arrondissement de Saint-Denis.

Paris, 5, rue Coq-Héron.

Vu : **BARODET,**
Ex-Maire de Lyon.

La démocratie lyonnaise suivait avec intérêt les phases de la lutte électorale à Paris.

Les journaux du 22 publient l'adresse suivante :

LES ÉLECTEURS DU RHÔNE AUX ÉLECTEURS DE LA SEINE

Citoyens,

En face de la mesure arbitraire et haineuse qui décapite Lyon de sa mairie, la démocratie parisienne a ressenti une généreuse indignation. Avec sa vive intelligence de la situation, Paris, la grande cité martyre, n'a pas voulu laisser passer sans protester ce premier début d'une réaction aveugle dans la campagne entreprise contre l'autonomie communale.

Elle a donc, avec une unanimité admirable, décidé qu'elle se ferait le porte-voix de la population lyonnaise mise en interdit.

Nous la remercions fraternellement de son initiative.

Nous sommes fiers de voir notre revendication portée au gouvernement par la voix éclatante de Paris; nous sommes heureux aussi de constater une fois de plus la solidarité qui existe entre toutes les grandes villes, véritables foyers du républicanisme français.

Cette solidarité, qui d'ailleurs s'étend à tout le parti républicain et qui fait notre force, l'occasion se présente aujourd'hui de la sceller indissolublement.

Dans un élan tout spontané, vous avez pris pour candidat notre premier magistrat municipal ; nous vous devons, en retour, de nommer le citoyen que, sans les circonstances exceptionnelles du moment, vous eussiez choisi pour vous représenter. Désignez-le à nos suffrages, et il n'est pas un Lyonnais digne du nom de républicain qui ne s'empresse d'inscrire sur son bulletin le nom que vous nous enverrez.

Le double succès qui se prépare ainsi à Paris et à Lyon déjouera, à la confusion de nos adversaires, les mesquines intrigues au moyen desquelles on cherche à égarer l'opinion. Il augurera pour nous du succès prochain et définitif qui doit donner pleine satisfaction à nos aspirations communes.

Lyon, avril 1873.

Despeigne, ex-conseiller municipal. — L. Caune, ex-adjoint au maire de Lyon. — Ninière, ex-conseiller et of-

ficier de l'état civil du 5ᵉ arrondisse
ment. — G. Vallier, ex-adjoint au
maire de Lyon. — Degoulet, ex-conseiller municipal, secrétaire du Conseil. — Michau, membre du Conseil
général.

Les citoyens soussignés adhèrent à l'adresse de
remerciement des électeurs du Rhône aux électeurs de la Seine :

Grosbois. — Desvignes. — E. Bouvard,
instituteur. — L. Blanchet. — J. Guérin. — J. Girard. — C. Barthel. —
Krabatel. — Hyvernet. — Lacroix.
Silluyoux. — Ruffin. — Knobloek. —
Ekuister fils. — Ajiroud. — Dussut
fils (de l'Arbresle). — A. Dumonceau
fils, à l'Arbresle (Rhône). — G. Durand.

TROISIÈME PÉRIODE

DERNIERS JOURS

Du 21 avril au 27, la lutte électorale devient plus vive. Les partis font usage de toutes leurs forces.

M. Gambetta prononce un discours à Belleville, dans une réunion privée, le 22 avril.

Voici les passages qui ont rapport à l'élection :

. . . .
Il s'agit de faire non-seulement à Paris, mais dans quatorze départements français, des élections politiques. Il ne s'agit nullement de faire acte de stratégie parlementaire. C'est bien ici qu'apparaît la profonde erreur de l'homme éminent qui est au pouvoir. Il s'imagine qu'il pourra transporter dans le domaine électoral les finesses, les expédients, les procédés, les mille et une ruses qui lui réussissent si bien dans les coulisses de Versailles. (Rires. — Marques d'approbation.) Il ne veut pas voir que ce sera pour lui la cause de l'échec qui l'attend, parce que ces petits moyens ne valent rien dans le pays, parce que ce que demande la nation, ce ne sont pas des habiletés; ce dont elle a besoin, ce n'est ni de finesse ni de ruse. Que veut-elle? De la clarté, de la logique, de la simplicité. (C'est cela! — Très bien! — Bravos.)

5.

Elle ne comprend pas toutes ces combinaisons, elle n'entre pas dans toutes ces minuties. Elle dit : Je veux la République, je ne veux pas d'équivoque ; je demande la dissolution de l'Assemblée, et je ne veux pas consentir à ce que cette Assemblée organise la République, non, jamais ! Cette idée ne pourra pas entrer dans ma cervelle, dit ce pays gaulois par excellence, que vous fassiez organiser la République par des légitimistes, par des bonapartistes ou par des orléanistes, qui peuvent tout organiser, tout, excepté la République. (Oui ! oui ! — C'est cela ! — Applaudissements prolongés.)

. . . .

Savez-vous, Messieurs, quel est le danger spécial à la démocratie, car tous les partis ont un côté défectueux, par lequel ils sont plus malheureux que d'autres et plus sujets aux défaillances? Eh bien ! j'ose le dire, ce n'est pas le soupçon et la défiance, ce n'est pas l'esprit de secte, l'exclusivisme non plus, qui sont le mal de la démocratie, c'est bien plutôt une inclination trop vive et trop prompte à l'approbation, aux applaudissements, c'est surtout cette déplorable tendance à croire qu'un homme peut incarner une idée. Rien de plus faux ni de plus dangereux.

Quant à moi, je vous le déclare, je lutterai constamment contre cette confusion, qui a été trop souvent la cause de nos plus cruels revers. (Bravos.)

Dans le monde, dans les salons, dans les réunions intimes, on entend souvent un mot qui est sur toutes les lèvres et qui est le secret de toutes ces apostasies que nous avons vues. Lorsqu'un homme est arrivé, porté par le parti républicain, au premier rang dans la vie publique, les hommes des autres partis l'entourent, ils le voient, ils le pratiquent et le caressent, et ils lui laissent entendre que la différence est grande entre le point où il est parvenu et celui d'où il est parti ; on lui fait comprendre qu'on pourrait s'entendre et traiter avec lui ; qu'il peut devenir l'agent et l'instrument des meilleures réformes. C'est par là, malheureusement, qu'on agit, non pas seulement sur les consciences débiles, mais sur les consciences malsaines ; et savez-vous quel est le terme élégant dont on se sert dans cette situation ? On lui dit, à cet homme, que l'on cherche à corrompre par le subtil poison de la flatterie : « Pourquoi ne laissez-vous pas là ces gens qui ne vous valent pas ? On n'est pas un homme d'Etat quand on ne sait pas *couper sa queue.* » (Hilarité. — Bravos.)

Voilà la langue de ces messieurs. Or, couper sa queue, c'est quitter son parti, c'est le trahir. (Très bien ! — Applaudissements.)

. . . .

Messieurs, ce qui s'agite aujourd'hui dans notre grande cité républicaine, ce n'est pas la lutte entre deux hommes, ce n'est pas une querelle électorale, ce n'est pas même une question purement parlementaire ; ce qui s'agite à l'heure actuelle, c'est la question de savoir si on fera à la démocratie sa place dans les affaires du pays. (Oui ! — C'est cela ! — Très bien !) Ceux qui se décorent du nom de classes dirigeantes disent et cherchent à faire croire que la démocratie est sauvage, brutale, inexpérimentée, incapable et inculte ; qu'on doit la gouverner, mais qu'elle ne pourra jamais gouverner. Eh bien ! Messieurs, rien de tout cela n'est vrai ; je dis qu'il faut abjurer cette idée fausse et dangereuse ; je dis qu'il faut arriver à comprendre enfin que la démocratie, qui est la force vive du pays, doit entrer dans la gestion des affaires de ce même pays et y prendre sa place et son rôle. (Applaudissements répétés.) C'est ce que j'ai exprimé d'un mot dans un de ces voyages que j'ai faits en France, non pas pour faire des discours, comme le disent de misérables rhéteurs, mais pour apprendre, sur place, à connaître les populations qui composent notre démocratie à l'Ouest, au Nord, au Sud. Sa-

vez-vous ce qu'on ne me pardonne pas d'avoir dit ?
C'est que la France est partout la même; c'est
qu'une unité admirable anime sur tous les points le
parti républicain; c'est que partout il entre aux
affaires en forçant la porte de ces vieilles citadelles
d'où il avait toujours été exclu; il est dans les Conseils municipaux, d'arrondissement et généraux, et,
partout, il y gère aujourd'hui les intérêts du pays
aussi bien que ses devanciers; demain, il les gérera
mieux. (Oui! oui! Nous en répondons. — Très bien!
Applaudissements.)

Aussi, Messieurs, c'est ma ferme espérance : quand
on le voudra, la France manifestera son admirable
unité, cette indestructible solidarité de toutes ses
communes qui, après tant de désastres et de deuils,
nous ramèneront à ces grands jours, dont nous ne
devons jamais oublier le souvenir, ni perdre l'enseignement, aux grands jours de la fédération française de 1790, où toute la France vint à Paris se
dire le secret de ses indomptables espérances.
(Double salve d'applaudissements. — Cris répétés
de : Vive la République! — Vive Gambetta!)

Le 23, les dix journaux monarchiques qui
soutiennent la candidature de M. de Rémusat,
adressent à leur candidat la lettre suivante :

Paris, 23 avril 1873.

Monsieur le Ministre,
On a essayé de donner à votre candidature un
caractère inacceptable pour les conservateurs.
Vous avez répondu à cette interprétation en dé-
clarant, dans le Comité présidé par M. Allou, que
votre candidature était une candidature de conciliation; qu'elle représentait l'ordre et la liberté en
face de la Révolution; qu'enfin, pour la soutenir,
vous faisiez appel aux hommes de tous les partis.

Nous vous remercions de ces déclarations et nous vous demandons la permission d'en prendre acte.

Un point, toutefois, n'a pas été éclairci par vous.

Vous vous êtes prononcé, dans votre circulaire électorale, en faveur de l'intégrité du suffrage universel.

Suivant nous, cette déclaration n'exclut pas la nécessité d'une réforme de la loi électorale sous l'empire de laquelle nous vivons aujourd'hui.

Nous croirions, en effet, vous faire injure, Monsieur le Ministre, en supposant que vous puissiez répudier, comme candidat, les déclarations faites par M. le Président de la République, devant la Commission des Trente, au nom du gouvernement dont vous faites partie.

Ces déclarations, dont il a été pris acte dans le rapport de la Commission des Trente, peuvent se résumer ainsi :

Maintien du suffrage universel ;

Point de retour, sous une forme quelconque, à la loi du 31 mai ;

Garanties meilleures pour constater l'identité, la capacité civile et la moralité du citoyen.

Ces garanties sont de diverse nature.

Il en est sur lesquelles M. le Président de la République n'a point exprimé d'idées arrêtées, et sur lesquelles nous ne cherchons pas à préjuger votre opinion.

Mais il en est une en faveur de laquelle M. Thiers s'est nettement prononcé.

Le Président de la République, en effet, après s'être concerté avec le cabinet tout entier, a déclaré qu'il fallait exiger de l'électeur la preuve d'un domicile de plus d'une année.

Nous prenons la liberté de joindre à cette lettre les déclarations mêmes de M. le Président de la République, ainsi que le passage du rapport de la Commission des Trente, dans lequel il en a pris acte avec l'assentiment du gouvernement.

Pour nous, les déclarations de M. Thiers sont le commentaire anticipé de votre circulaire électorale.

En parlant de l'intégrité du suffrage universel, vous n'avez évidemment pas voulu dire autre chose que M. le Président de la République, lorsqu'après avoir constaté la nécessité « de ne pas porter atteinte au suffrage universel, » il a cependant insisté sur l'impossibilité de faire les élections générales avec la loi actuelle, qui offre, suivant lui, « une absence complète de garanties d'identité et aussi de garanties morales. »

Cette interprétation, Monsieur le Ministre, ne nous paraît pas pouvoir être contestée.

Nous nous proposons donc de la placer sous les yeux du public.

Toutefois, nous regardons comme un devoir de déférence envers vous de retarder cette publication jusqu'à demain soir, pour le cas où vous trouveriez, dans notre interprétation, quelque chose à rectifier.

Nous l'aurions retardée encore davantage, si nous n'étions malheureusement pressés par l'approche de l'élection.

Nous serions heureux, Monsieur le Ministre, que, soit une déclaration de vous, soit votre silence, nous permît d'affirmer que nous ne nous sommes pas mépris sur votre pensée.

Nous avons l'honneur d'être, etc.

Constitutionnel,	*Paris-Journal,*
Français,	*Patrie,*
Journal de Paris,	*Petit Moniteur,*
Messager de Paris,	*Petite Presse,*
Moniteur universel,	*Soleil.*

Extrait des déclarations de M. Thiers devant la Commission des Trente.

M. LE PRÉSIDENT DE LA RÉPUBLIQUE. — Quant à ma pensée personnelle, elle est arrêtée depuis long temps. Aussi ai-je pu vous dire que je ne prévoyais pas de conflit sérieux sur cet article. Seulement, je n'avais pas consulté le Conseil des ministres avec assez de précision pour vous donner des indications d'accord avec le gouvernement tout entier, et je tiens à ne rien faire que d'accord avec tous mes collègues.

Je vais vous dire sur l'article 4 ce que nous pensons, sauf ce qui restera d'un peu vague sur la rédaction ....
....

J'arrive à la loi électorale, qui a pour objet la Chambre chargée de donner impulsion, tandis que l'autre est plus spécialement chargée de retenir.

Il n'a passé dans l'esprit de personne qu'on pût faire les élections prochaines avec la loi actuelle. Je donne donc mon assentiment à ce qu'on travaille à la modifier.. . . . .
. . . .

Ma pensée est celle-ci : il y a dans le suffrage universel, tel qu'il est organisé aujourd'hui, absence complète de garantie d'identité et aussi de garantie morale. Nous songeons à écarter les individus sans aveu. Ce serait une atteinte si l'on excluait les citoyens; mais l'homme sans aveu, sans *domicile*, pas plus connu physiquement que moralement, ce n'est pas un *civis*. comme disaient les anciens.

M. LE DUC DE BROGLIE. — M. le Président de la République a parlé d'une durée de domicile de plus d'une année. Aurait-il une limite *maximum* à nous indiquer?

M. THIERS. — Le maximum est trois ans, le minimum un an.

Dans ma conviction sincère, un an ne suffit pas pour constater la qualité de l'électeur.

M. SACAZE. — L'attention du gouvernement s'est-elle portée sur l'âge de l'électeur? Actuellement, la majorité civile sert de type à la majorité politique.

Ne pourrait-on pas créer pour l'électorat une majorité spéciale?

M. THIERS. — Je n'ai pas arrêté mes idées sur ce point. Depuis longtemps je les ai arrêtées sur la question du domicile, parce que c'est une garantie sérieuse. La garantie de l'âge est moins certaine, parce qu'on trouve de mauvais électeurs dans un âge avancé, et qu'on en trouve de bons dans un âge fort tendre.

Il faut en toute chose mesurer les inconvénients de la discussion (car on présentera certainement toutes les dispositions comme des restrictions au suffrage universel) et, d'un autre côté, les avantages des garanties qu'on recherche. Pour le domicile, je brave les inconvénients, parce que la garantie est sérieuse.

(Journal des Débats, du 6 février 1873.)

Extrait du rapport présenté par M. le duc de Broglie, au nom de la Commission des Trente.

Si à l'avenir, en effet, la représentation nationale doit être redivisée en deux branches, la loi de 1849, la seule qui soit en vigueur aujourd'hui, faite en vue d'une Assemblée unique et souveraine, ne pourra évidemment être maintenue dans toutes ses parties.

D'ailleurs, la nécessité de modifier cette loi, défectueuse sous tant de rapports, est depuis longtemps reconnue et, en ce moment même, une de vos commissions prépare ce travail de révision avec un zèle et des lumières dont les noms de ceux qui la composent sont les sûrs garants. Nous avons donc dû aborder ce point important, objet de la vive préoccupation du pays, dans nos conférences avec le gouvernement, et vous apprendrez avec plaisir que nous nous sommes rencontrés en parfait accord de sentiments avec lui.

Décidé comme nous à respecter le principe du suffrage universel, qui est la base de nos institutions, il nous a déclaré de lui-même qu'il sentait la nécessité d'en assurer la sincérité, en cherchant de meilleures garanties pour constater l'identité, la capacité civile, la moralité du citoyen. Ces garanties consistent, à ses yeux comme aux nôtres, dans la durée prolongée et plus qu'annuelle du domicile fixe et connu.

Nous avons recueilli ces assurances de la bouche même du Président de la République, qui nous a permis d'en prendre acte.

Au bout de quelques jours, M. le comte Charles de Rémusat n'ayant point répondu, les journaux monarchiques considèrent qu'il accepte la mutilation du suffrage universel dans les termes proposés par M. Thiers à la Commission des Trente.

M. Louis Blanc adresse une remarquable lettre aux électeurs de Bercy, qui l'avaient invité à une réunion privée. M. Martin Nadaud donne lecture de cette réponse, dont nous extrayons quelques passages :

. . . .
D'où vient que la lutte électorale qui, en ce moment, agite Paris, est soutenue de part et d'autre avec tant de passion? D'où vient que chacun en attend l'issue avec une anxiété si vive?

Ah! c'est que chacun comprend d'instinct que l'heure est arrivée — heure décisive peut-être — où, dans le développement des destinées de la République, la question de fond doit commencer à se dégager de la question de forme, de telle sorte que la République cesse d'être un nom pour devenir une vivante et puissante réalité!

Car qui pourrait découvrir la réalité de la République dans un régime qui nous montre la souve-

raineté du peuple confisquée ; les mandataires s'ar-
rogeant le droit de supprimer tels ou tels de leurs
mandants ; le suffrage universel traité en suspect ;
quarante-trois départements en état de siége ; la
dictature du sabre dans Paris ; des journaux républicains suspendus ou supprimés sans jugement ; la
guerre aux franchises municipales des grandes villes déclarée et commencée ; une politique impla-
cable, quand le sang de la patrie a déjà coulé par
tant de blessures, préférée à une politique d'apaisement ; les royalistes dans tous les emplois ; les républicains tenus à l'écart ; et tout cela, longtemps
après le rétablissement de l'état normal du pays ; et
tout cela, sans que nous apercevions le terme d'un
provisoire qui paralyse le travail, met le commerce
aux abois, encourage l'esprit de faction, et laisse la
France, éreintée, à la merci de l'imprévu ?

. . . .

En ce qui me touche personnellement, j'aurais
voulu que ma conscience me permît d'applaudir à
la candidature de M. de Rémusat, et, le dirai-je ?
j'aurais éprouvé je ne sais quelle jouissance hau-
taine à me prononcer pour lui, en me rappelant qu'il
avait voté ma proscription.

. . . .

A quoi songent les partisans de la candidature
de M. de Rémusat, lorsqu'ils s'en vont répétant sur
tous les tons que M. Thiers ne se consolerait pas
de l'échec de son ministre, que sa fierté en serait
blessée ; qu'il s'éloignerait de la gauche et que la
droite profiterait ainsi de la victoire de M. Barodet ? Il est étrange que ceux des amis de M. Thiers
qui tiennent ce langage, ne sentent pas ce qu'il a
d'outrageant. M. Thiers serait bien peu digne du
rôle épique que lui assigna la fortune, s'il était
homme à immoler la majesté d'un tel rôle à une
misérable pique d'amour-propre. Nous lui rendons,

nous, plus de justice. De sa part, nous ne craignons rien de tel.

Et nous ne craignons pas davantage qu'il se raidisse contre un arrêt de l'opinion. Nous en avons pour garants ses hautes qualités d'homme d'Etat, son intelligence si essentiellement pratique, son aptitude à accepter les exigences de l'opinion, pour arriver à la dominer. On n'a pas oublié que ce fut l'attitude des grandes villes, dans les terribles jours de la Commune, qui le fit républicain, lui qui, s'il avait pu façonner son pays à sa guise, aurait pris pour modèle l'Angleterre et non l'Amérique. Cette explication, il l'a donnée lui-même en pleine Assemblée. Quoi de plus caractéristique? Non, non, M. Thiers n'ignore pas que nul, en ce bas monde, n'est un homme nécessaire; qu'à aucun mortel, si puissant qu'il soit, il n'est donné de tenir dans le creux de sa main le sort d'un peuple; que les situations créent toujours les instruments dont elles ont besoin; et que lui, M. Thiers, ne serait plus l'homme nécessaire, le jour où il lui arriverait de se méprendre sur le secret de sa force.

Elle est dans la relation qui existe entre son pouvoir et l'ascendant, de plus en plus marqué, des idées républicaines. Elle n'est que là.

Si, par suite de la coalition de tous les partis monarchiques, de la timidité de certains républicains et de la mise en jeu des immenses ressources dont l'administration dispose, le candidat du pouvoir était nommé, M. Thiers serait irréparablement trompé sur ce qui constitue sa force, et jamais victoire n'aurait été plus fatale au vainqueur.

Quant à la République, qu'ils se rassurent, les hommes de peu de foi qui lui feraient l'injure de trembler pour elle! Quel que soit le dénouement de la lutte engagée à Paris, la République sera. Car son invincible vitalité vient de ce qu'elle exprime, de ce qu'elle renferme; et il est trois choses à l'égard desquelles une défaite, même une défaite honorable, n'est qu'un triomphe encore incomplet. Ces trois choses sont la vérité, la justice, la liberté.

Recevez, mes chers concitoyens, mes salutations fraternelles.

LOUIS BLANC.

Le Comité de la salle Herz adresse la circulaire suivante aux électeurs de la Seine :

Paris, le 22 avril 1873.

Electeurs,

Au nom de M. Barodet il fallait opposer un nom qui pût réunir les voix de tous les conservateurs.

C'était un devoir. Le gouvernement a préféré rechercher un succès personnel à l'aide d'une candidature officielle. Pour une satisfaction douteuse d'amour-propre gouvernemental, il a sacrifié les intérêts de la cause de l'ordre.

Il a opposé M. de Rémusat à M. Barodet : la candidature officielle républicaine à la candidature républicaine du mandat impératif.

Nous, nous venons vous présenter la candidature franchement indépendante et énergiquement conservatrice de M. le colonel Stoffel.

Électeurs conservateurs,

Laissez M. de Rémusat et M. Barodet se partager les voix républicaines, et, puisque le gouvernement n'a pas voulu cimenter votre union en s'appuyant sur vous, affirmez votre accord par un vote indépendant.

Le colonel Stoffel doit nous rallier tous. Son nom signifie : patriotisme, clairvoyance et fermeté.

C'est lui qui, ayant prévu nos revers, a eu la franchise et le courage de les prédire.

Aujourd'hui, en nous permettant de faire appel à

vos suffrages, il rend à son pays le service de l'avertir encore.

Le colonel Stoffel a accepté le mandat que nous lui avons offert ; il remplit son devoir de citoyen ; électeurs conservateurs, à vous maintenant de faire le vôtre.

Pour le Comité électoral conservateur :

Le président : LA ROCHEFOUCAULD, DUC DE BISACCIA.

Le vice-président : Vice-amiral CHOPART.

Les affiches de quartier, et d'arrondissements se multiplient :

IXᵉ ARRONDISSEMENT

Quartier du Faubourg Montmartre

COMITÉ D'ADHÉSION A LA CANDIDATURE

RÉMUSAT

Aux Electeurs du quartier du Faubourg Montmartre

CHERS CONCITOYENS,

L'élection prochaine a une importance considérable. Le nom du candidat qui sortira de cette élection doit non-seulement personnifier les idées d'ordre, d'apaisement et de sécurité, mais il doit aussi présenter l'éclatante notoriété que la capitale de la France est en droit de réclamer de ses élus.

M. de Rémusat est un enfant de Paris. Il est toujours resté parmi nous. C'est à nos côtés que s'est écoulée sa longue, laborieuse et méritante carrière.

La candidature de M. de Rémusat est donc essentiellement parisienne ; elle est en même temps nationale, car M. de Rémusat a été le négociateur et le signataire du traité qui rend plus prochaine et plus sûre la libération du territoire. Elle est politique, parce qu'elle est un témoignage de sympathique adhésion envers le gouvernement et le Président de la République, grâce aux efforts desquels la France, après tant de désastres subis, a pu si rapidement renaître à la vie, au travail, à la prospérité.

Tous ceux d'entre vous qui mettent l'amour du pays au-dessus des vaines querelles de parti, doivent se rallier sincèrement à la candidature de M. de Rémusat.

Nous venons vous prier, chers concitoyens, d'y adhérer avec toute l'énergie du vrai patriotisme.

Nous vous demandons surtout de ne pas vous abstenir dans la lutte électorale. L'abstention et l'indifférence deviennent coupables quand le résultat du scrutin touche à un si haut degré aux intérêts et à la dignité de la ville de Paris.

Les membres du Comité du quartier du faubourg Montmartre :

Adde (E.), 2, rue Laffitte.—Astruc (L.), 51, rue Le Peletier.—Aubé, 16, rue Grange-Batelière. — Aviet, 34, rue Bergère.—Ballu, 35, rue Bergère. — Barbaroux, 5, rue Geoffroy-Marie.—Barrière, 12, rue Laffitte.—Berty, 5, faubourg Montmartre. — Beugniet, 10, rue Laffitte.—Bossion, 8, rue du Conservatoire. — Bourgoin, 15, faubourg Montmartre.—Brunet, 16, rue Drouot. — Bodard, 14, rue Sainte-Cécile. — Cadou, 14, rue Drouot.—Cahn, 35, rue Bergère. — Cahours (Dr A.), 24, rue Laffitte.—Chevrier, 21, faubourg Montmartre. — Chaudun et Derivière, 7, faubourg Montmartre. — Chain (H.), 43, rue Lafayette.—Coquillard, 22, rue Laffitte.

—Crapotte, 23, rue Le Peletier. —
Croué, 15, rue Grange-Batelière.—
David jeune, 18, rue Le Peletier.—
David (Eugène), 30, rue de Provence.
—Delestre (D^r), 14, rue Drouot.—
Dehesdin (E.), 28, rue Bergère.—
Denis, 19, faubourg Montmartre. —
Deschars père, 49, rue Le Peletier.
— Descubes, 24, rue Cadet. — Deutz
(Nicolas), 44, rue Laffitte. — Douil-
let (E.), 22, rue Rossini.— Droméry,
52, rue Laffitte. — Dreyfus (A.), 28,
rue Bergère. — Du Locle, 37, rue Le
Peletier. — Duriez jeune, 5, rue Le
Peletier. — Dufaulin 33, rue Ber-
gère. — Duroy, 10, faubourg Mont-
martre. — Eichler, 24, rue Cadet. —
Flages (G.), 9, rue Châteaudun. —
Fleuriot (E.), 24, rue Cadet. — Fou-
cher (Paul), 10, rue Drouot.—Franck
(A.), 44, rue Laffitte. — Garnot, 18,
rue Le Peletier. — Gaudart, 13, pas-
sage de l'Opéra. — Gaymu (Firmin),
20, passage de l'Opéra.—Goudal (H.),
passage de l'Opéra. — Gras (Th.), 9,
rue Le Peletier. — Guettrot, 15, rue
Drouot. — Hamet, 24, rue Cadet. —
Hérard, 24, rue Grange-Batelière.—
Hervé-Desmaisons (J.), 9, faubourg
Montmartre. — Hervé-Desmaisons
(Elie), 9, faubourg Montmartre. —
Heurtaux (Richard), 13, rue Mon-
tyon. — Humbert, 5, rue Geoffroy-
Marie. — Huyot, 27, place Cadet. —
Jenvrin (A.), 13, faubourg Mont-
martre. — Jouvin (H.), 2, boulevard
Montmartre. — Junet (J.), 15, rue
Richer. — Kauffmann, 29, rue Le
Peletier. — Labarte, 2, rue Drouot.

Lafont (Guill.), 75, rue Lafayette. — Langagne, 51, faubourg Poissonnière. — Leclerc (V.), 19, faubourg Montmartre. — Lecomte (Eugène), 12, rue Laffitte. — Marchal, passage de l'Opéra. — Marion, 14, cité Bergère. — Mercier, rue Laffitte. — Meurice (Eugène), rue Le Peletier. — Miallet (A.), 24, rue Cadet. — Miallet (P.), 24, rue Cadet. — Mignon, 24, rue Cadet. — Milliot, 10, rue Grange-Batelière. — Nadal (Alfred), 9, rue Papillon. — Naret (Dr), 31, rue Bergère. — Oulmont, 21, rue Bergère. — Perrin (Emile), 64, rue de la Victoire. — Person (A.), 3, rue Chauchat. — Petitdidier (Arthur), 34, rue de Provence. — Picoux aîné, 15, faubourg Montmartre. — Picoux. — Pillet (Charles), 10, rue Grange-Batelière. — Popelin (A.), 22, rue Le Peletier. — Petit (Eugène), 24, rue Cadet. — Renard, 4, rue Drouot. — Rennes (G.), 11, rue Cadet. — Rouillé (F.), 8, rue Rochambeau. — Roux (L.), 14, rue Drouot. — Sée (Léop.), 14, rue Bleue. — Séguier, 24, rue Cadet. — Simon (A.), 20, boulevard Poissonnière. — Sordes, 15, faubourg Montmartre. — Théry (Jules), 35 rue Bergère. — Thierry, 1, rue Bergère. — Thivier (H.), 14, faubourg Montmartre. — Uhrich (général), 14, rue Le Peletier. — Vaast, 14, rue Rossini. — Verrier, 44, rue Lafayette. Virgile (de), 20, rue Laffitte. — Worms (Justin), 10, rue du Conservatoire. — Yver, 13, rue Bleue. — Yver (Paul), 13, rue Bleue.

QUARTIER DE L'ARSENAL

• Monsieur et cher concitoyen,

Réunis, dans la soirée du 18 de ce mois, pour nous entretenir de l'importante question qui agite en ce moment Paris et la France, nous avons résolu de nous adresser à nos concitoyens du quartier de l'Arsenal, pour les engager à affirmer de tout leur pouvoir la candidature de M. de Rémusat.

L'illustre Président de la République française a dit, dans une occasion solennelle, que cette République, — à la fondation de laquelle tous les bons citoyens doivent contribuer autant qu'il est en eux, — *serait conservatrice et modérée, ou qu'elle ne serait pas.*

C'est parce que nous ressentons profondément cette grande vérité, que nous appuyons auprès de vous la candidature de l'éminent et dévoué collaborateur de M. Thiers.

Au milieu des discussions passionnées que soulève, comme toujours, la crise électorale, les républicains conservateurs de toutes nuances doivent lire et peser mûrement les graves et patriotiques considérations renfermées, tant dans la circulaire du Comité général présidé par M. Allou que dans celle du Comité présidé par M. Carnot.

Nous n'avons pas la prétention d'ajouter quoi que ce soit aux arguments si puissants invoqués par les honorables membres de ces deux réunions générales. Nous nous bornons à les signaler à votre attention patriotique, à vous prier de vous en pénétrer et à vous confier énergiquement à un scrutin d'où peut dépendre, non seulement la reprise définitive des affaires, mais encore l'avenir de notre chère patrie.

Pas d'abstentions, mais tous nos votes en faveur de la candidature REMUSAT.

6

Tel doit être aujourd'hui le mot d'ordre de tous les bons citoyens.

Bertin, peintre en bâtiments, 195, rue Saint-Antoine. — Boisgontier, propriétaire, 5, place des Vosges.—Bourgeois, bottier, 5, rue de Birague.—Ch. Callon, ingénieur, membre du conseil municipal, 16, rue de Birague. — Cauchois, avocat à la cour d'appel, 183, rue Saint-Antoine. — Corbeau, chemisier, 157, rue Saint-Antoine.— Dautreville, pharmacien, 34, rue Saint-Paul. — Daveluy, ingénieur civil, 207, rue Saint-Antoine. — Davesne, docteur en médecine, 16, rue de Birague. — Dextré (Ed.), boulanger, 226, rue Saint-Antoine. — Dumas-Frémy, fabricant de papiers à polir, 23, rue Beautreillis. — Hubin, (Félix), négociant en métaux, 13, place des Vosges. — Isaac, maison des Phares de la Bastille, 5 et 7, place de la Bastille. — Jeanne (E.), négociant en métaux, 9, rue Castex.—Julien (Alex.), de la maison L. Julien et frères, 170, rue Saint-Antoine. — Lemarchant (E.), fabricant de couleurs et vernis, 193, rue Saint-Antoine. — Lambert (E.), président de la Société de secours mutuels Saint-Merry, 9, rue de Birague. — Marcelin Crapouel, rentier, 16, rue de Birague. — Marchand père, marchand de fers, 232, rue Saint-Antoine. — Mercié, négociant en métaux, 22, rue des Tournelles. — Œschger, négociant en métaux, 28, rue Saint-Paul. — Quentin, pharmacien, 22, place des Vosges. — Reinhardt (Alb.), fa-

bricant d'or faux, 22, rue Beautreillis. — Rousseau, tailleur, 10, rue de
Birague. — Simon (Eug.), entrepreneur de maçonnerie, 17, rue de la
Cerisaie.—Sublet, négociant en métaux, 10, place des Vosges. — Vais-
sade, conservateur-adjoint de la bi-
bliothèque de l'Arsenal, 1, rue de
Sully.

Un nouveau candidat excentrique se présente et
pose des affiches dans le Marais :

Electeurs,

Obscur, très obscur et sans appui d'aucun Comité,
je viens demander l'honneur de vous représenter à
l'Assemblée nationale.

Je veux la République, la famille, la propriété.

Il y a quatre-vingt-quatre ans, Louis XVI convo-
qua les Etats généraux. Du jour où ces Etats se
réunirent, la République était faite; en effet, le 29
juin 1789, M. de Dreux-Brézé entrait dans l'Assemblée et l'invitait, au nom du roi, à se séparer ; c'est
alors que Mirabeau, apostrophant le messager royal,
lui dit : « Allez dire à votre maître que nous sommes ici par la volonté du peuple et que nous n'en
sortirons que par la force des baïonnettes. » C'était
là de la République s'il en fut jamais.

Tout le monde sait qu'à la suite de cette scène,
le Tiers-Etat se réunit au Jeu-de-Paume, et que
ses membres prirent l'engagement de ne se séparer
qu'après avoir doté la France d'une Constitution.

Je vous ai dit que je voulais la République, la famille, la propriété. Eh bien! je crois que si le Tiers-
Etat, au lieu de s'engager sous serment à faire une
Constitution, s'était occupé de constituer la famille,
telle surtout que la majeure partie du Tiers-Etat
la pratiquait, la République se serait affirmée par
là beaucoup mieux que par une Constitution.

Après quatre-vingt-quatre ans de troubles et d'agitations, nous ne sommes pas plus avancés qu'au 5 mai 1789, et ce qu'il y a de plus urgent à faire, c'est la famille; cette question domine la Constitution, la loi électorale, etc.

A l'avenir, tout candidat à la députation devra s'expliquer catégoriquement sur la question sociale, c'est-à-dire sur la famille, et quiconque n'aura pas étudié cette question devra systématiquemet être écarté.

J.-J. Rousseau dit dans *Emile :* « Celui qui ne veut pas remplir les devoirs de père n'a pas le droit de le devenir. »

Les auteurs de la Constitution de 1848 disent dans le 3e paragraphe du préambule de cette constitution :

« Elle (la République) reconnaît des droits et des devoirs antérieurs et supérieurs aux lois positives. »

Racine, lui, dit :

Un père est toujours père ;
Rien n'en peut effacer le sacré caractère.

Voltaire, lui, dit :

Un fils ne s'arme pas contre un coupable père,
Il détourne-les yeux, le plaint et le révère.

Le Code Napoléon, chapitre V, titre v, livre Ier, définit les obligations qui naissent du mariage.

L'article 204, qui se trouve dans ce chapitre, s'exprime ainsi :

« L'enfant n'a pas d'action contre ses père et mère pour un établissement par mariage ou autrement. »

Il y a lieu de croire que, lorsque Napoléon rédigea cet article 204, il était sous l'influence des beaux vers de Racine et de Voltaire; il est regrettable qu'il ne se soit pas inspiré du précepte de Rousseau, qui était le précurseur des Constituants de 1848, qui déclaraient : « Que la République reconnaît des droits et des devoirs antérieurs et supérieurs au Code Napoléon. »

En effet, la doctrine de Voltaire, qu'un fils ne s'arme pas contre un coupable père, est des plus funestes, et tout le sang qui a été répandu du 9 novembre 1799 (18 brumaire) au 18 juin 1815 (Waterloo), n'eût pas été répandu si Napoléon avait, dans le Code qui porte son nom, armé l'enfant contre le père coupable.

La République ne peut s'accommoder de ces faiblesses : tout le monde a un devoir à remplir, les pères plus encore que les enfants, et quiconque songerait à s'en affranchir doit être contraint de les accomplir.

Les limites d'une profession de foi s'opposent à ce que je traite cette question de la famille *in extenso*, question à laquelle Rousseau a consacré quatre volumes ; mais, je vous le répète, tout candidat, à l'avenir, devra s'expliquer sur les réformes qu'il entend faire subir au chapitre du Code Napoléon qui traite des obligations qui naissent du mariage.

Quant à la propriété, ce même Code, au livre III, s'intitule : *Des différentes manières dont on acquiert la propriété.*

Je ne reconnais aucune de ces différentes manières. Je n'en reconnais qu'une : *le travail et l'épargne.* Cette manière, Napoléon ne la mentionne pas dans le Code qui porte son nom ; elle devra se trouver dans le Code civil que la République a le devoir de faire.

Volney intitule le treizième chapitre de ses *Ruines : l'Espèce humaine s'améliorera-t-elle ?* Oui, elle s'améliorera, mais à une condition. Laquelle ? Celle de faire la famille. Faites donc la famille !

A bon entendeur, salut.

HIPPOLYTE SALADIN,
6, *rue des Francs-Bourgeois*

Paris, le 23 mai 1873.

6.

A côté des candidats excentriques, il y a les gens qui ont la monomanie du manifeste. M. Franck est de ce nombre. Voici les affiches de ce grand politique; nous les donnons immédiatement pour n'y plus revenir :

MANIFESTE

D'UN

AUDITEUR DU CASINO CADET

J'ai pour habitude de jouer cartes sur table (1), et il me répugne d'entretenir des relations avec des personnages masqués.

J'aurais compris qu'on eût dit à cette tribune : « M. Thiers n'a pas su faire respecter son Message; — sa politique, depuis cette époque, a été tortueuse, machiavélique même; — la République sans républicains est un non-sens; — une république démocratique ne doit pas avoir les mêmes bases qu'une monarchie légitime ou quasi-légitime. » Mais il faut être peu doué du sens politique ou il faut être disciple de Loyola, pour avancer qu'après avoir appliqué un soufflet à M. de Rémusat, on s'empressera d'aller serrer la main du Président pour le féliciter de la belle *veste* que vient de remporter son ministre.

Que l'on tourne la chose comme on voudra, M. Thiers se trouve être aujourd'hui la colonne vertébrale de la République française.

Supposons un instant que, vous trouvant dans un salon, le maître de la maison fasse publiquement

(1) L'homme qui dit avoir pour habitude de jouer cartes sur table, non-seulement n'a pas voulu me donner un exemplaire de ses affiches, que j'étais allé loyalement lui demander, mais encore il a défendu à son imprimeur de me communiquer les bons à tirer. Malheureusement pour M. Franck, il y a en France des archives et ses jolies proclamations seront conservées.

une avanie à votre camarade d'atelier le plus inti-
time, le plus ancien, vous prendrez, dans ce cas, le
bras de votre ami, et vous quitterez le salon, en
même temps que lui, sans y remettre jamais les
pieds.

Eh bien! moi, qui ne me suis jamais montré dans
les réunions publiques, comme l'a fait un certain
homme de lettres, qui fait beaucoup trop de tapage
aujourd'hui, l'insulteur violent, passionné des so-
cialistes, pour passer peu de temps après, avec ar-
mes et bagages, dans la fédération des clubs sous
l'ignoble Commune, je viens dire franchement, sincèrement que, *dans la situation actuelle des partis
et vu le bas âge de la République*, la nomination
du citoyen Barodet à Paris, dont la candidature
seule a jeté la division dans le parti républicain,
c'est la monarchie à bref délai et la décapitation du
suffrage universel.

J. FRANCK.

À MOI
JACQUES BONHOMME

—

C'était dans la soirée du 24 février 1848, en ma
qualité de caporal de la garde nationale, je fus
chargé de garder l'entrée de la salle où siégeait le
Gouvernement provisoire. — Dans son impatience,
un de mes soldats, après avoir frappé le parquet
avec son fusil, s'écria : « Voyez-vous, caporal, on
nous a fait voir le tour une fois (il faisait allusion
à la Révolution de 1830), mais on ne nous fera pas
voir le tour deux fois. » J'ai pensé bien des fois à
mon subordonné; j'ai le regret de ne pas l'avoir ren-
contré.

Ce qui navre les cœurs vraiment honnêtes, mon
pauvre Jacques, c'est de savoir que trois fois en

moins d'un quart de siècle, des milliers de nos compatriotes ont fini misérablement leur existence, soit sur les pontons, soit dans la Nouvelle-Calédonie, en laissant leurs familles dans la misère, tandis que les habiles, les besogneux, les ambitieux, qui en bottes molles, qui sous la robe de l'avocat, qui sous l'habit du journaliste, sont arrivés au pinacle ou se sont **exilés volontairement** au moment du danger.

Ton grand défaut, mon bon Jacques, c'est celui de ne pas toujours être raisonnable et d'être beaucoup trop présomptueux. — Ainsi, tu dédaigneras les avis que te donnera un homme du caractère de l'honorable M. Grévy, pour accepter comme paroles de l'Evangile les flatteries grossières dont t'enguirlandera un orateur de carton, jaloux d'accueillir tes applaudissements, et surtout de compter sur ton vote, si son intention est de devenir candidat aux prochaines élections.

N'oublie pas, mon bon Jacques, que tu tiens dans tes mains les destinées de ton pays, qui est encore, il faut le dire à notre honte à tous, occupé par les soldats étrangers. — Tu auras donc à choisir entre le conseil que te donne l'ancien président de l'Assemblé nationale, qui consiste à voter pour M. de Rémusat, et le conseil que te donne entre autres un homme de lettres, devenu marchand de bois, qui consiste à voter pour M. Barodet.

Mon humble avis est que tu peux avoir pleine et entière confiance dans les paroles ainsi que dans les actes de M. Grévy, qui est un républicain convaincu, et qui a su conquérir l'estime de tous les partis, par le talent et la haute impartialité dont il fait preuve dans ses difficiles et ingrates fonctions.

Au revoir, mon cher Jacques, sois sage, modeste; travaille, étudie, et tout ira bien. Si le hasard te pousse à visiter le palais de la Bourse, évite l'endroit où se tiennent, ce que dans ce lieu on appelle les coulissiers : il y a dans ce groupe des individus qui te rappelleront les blouses blanches de l'empire.

J. FRANCK,
Ancien caporal de voltigeurs de la 4ᵉ légion
de la garde nationale et soldat au 148ᵉ ba-
taillon de marche.

Citoyens électeurs,

Pas de phrases. — Notre intention n'est pas d'attaquer l'honorable M. Barodet, mais de faire un appel à votre bon sens. Quel est le but des soi-disant
conservateurs, siégeant à Versailles ? C'est celui de
renverser les ministres républicains, fussent-ils les
hommes du monde les plus sages, les plus capables,
et de les remplacer par des monarchistes.

Le jour où les partis coalisés auront manœuvré
de façon à s'emparer de tous les portefeuilles, comme
ils se sont déjà emparés de la présidence de l'Assemblée nationale, ils chercheront à renverser
M. Thiers et la République.

Si donc, citoyens électeurs, vous ne voulez pas
faire le jeu de nos adversaires, vous voterez POUR
M. DE RÉMUSAT, ministre des affaires étrangères
de la République française.

Halft père.— Barriöl.— J. Franck.— E.
Franck.

LES DÉBATS

SONT CLOS

Le moment approche où tout bon citoyen doit
consulter sa raison et non sa passion

PREMIÈRE QUESTION

Est-il un citoyen, dont le nom figure en majus-
cules ou en vedette sur les affiches roses, jaunes ou
rouges, de grand et de petit format, qui soit assez

autorisé, assez expérimenté, pour ne point s'incliner devant un avis motivé par M. Jules Grévy, ancien bâtonnier de l'ordre des avocats, et président démissionnaire de l'Assemblée nationale?

NON. Pas même le citoyen Gambetta.

DEUXIÈME QUESTION

L'échec infligé à M. de Rémusat ne serait-il pas également un échec infligé à M. Thiers, Président de la République?

OUI, répondrait M. Victor Hugo, avec tous les hommes intelligents.

TROISIÈME QUESTION

L'entrée de M. Barodet à l'Assemblée nationale peut-elle entraîner la dissolution immédiate? Évidemment non, d'après la Constitution Rivet, qui doit nous régir jusqu'à la libération du territoire. La fanfaronnade n'est pas de l'habileté, et l'amnistie, même pour les crimes du droit commun, quand l'incendie de nos monuments est à peine éteint, c'est de la générosité, sans doute, mais qui passe aux yeux d'un certain public comme un témoignage de sympathie envers la Commune et ses actes.

QUATRIÈME QUESTION

L'Assemblée actuelle, qui siége à Versailles, a-t-elle le pouvoir constituant? — J'ai déjà dit que j'avais pour habitude de jouer cartes sur table. En mon âme et conscience, je répondrai NON, et je le prouverai à l'occasion.

CONCLUSION

Malgré toute la coquetterie que déploient mes chers et anciens collègues de la typographie dans leurs affiches, on ne me dissuadera pas que la nomination de M. Barodet, à Paris, ne sera utile qu'à la réaction royaliste et cléricale, et qu'elle fera perdre aux républicains le fruit de deux années de sagesse et d'esprit politique.

J. FRANCK.

Plus nous approchons du scrutin, plus les affichet se multiplient :

Quartier Bonne-Nouvelle

M. DE RÉMUSAT

CANDIDAT RÉPUBLICAIN

Le commerce, l'industrie et le travail ont besoin de stabilité pour vivre et prospérer.

C'est au nom de ce grand intérêt social que nous déclarons adhérer à la candidature de **M. de Rémusat.**

La trève des partis a duré assez longtemps ; nous croyons avec lui que le moment est venu de leur imposer une paix définitive, en consolidant le gouvernement de la République par les institutions indiquées dans sa circulaire.

C'est ainsi que la France pourra réparer ses désastres et rétablir sa fortune.

En donnant ce témoignage de reconnaissance à l'éminent collaborateur de M. Thiers dans l'œuvre de la libération du territoire, l'industrie et le commerce parisien encourageront en même temps le Président de la République à poursuivre et à mettre fin à la tâche glorieuse et difficile qu'il a entreprise.

Nous prions en conséquence nos concitoyens de se rallier à la candidature de **M. de Rémusat.**

SURTOUT PAS D'ABSTENTIONS !

Améuille (Dr), 60, rue d'Aboukir.— Allard, 15, rue des Deux-Portes-Saint-Sauveur. — Beaucaire (S.), 60, rue d'Aboukir. — Banjot (J.-B.), 12, rue Thévenot.—Blazy, 15, rue Turbigo.— Bourgeois (C.), 55, rue d'Aboukir. — Bourgeois (B.), 4, rue de Cléry. — Bourgeois (Zeph.), 55, rue d'Aboukir.

— Bardin, 4, rue de Cléry. — Brocart, 55, rue d'Aboukir. — Cerf (H.), 6 et 8, rue Française. — Chaudelet (E.), 6, rue Thévenot. — Chaudelet fils, 6, rue Thévenot.— Chevalier, 48, rue d'Aboukir. — Champin, 132, rue Montmartre. — Deforges (A.), rue Saint-Sauveur. — Dreyfus (B.), 16, rue des Jeûneurs. — Duwimaux, 5, rue Saint-Sauveur. — Delbergue, 17, rue Thévenot. — Denisse, 14, rue du Petit-Carreau. — Deplanche, 71 et 73, passage du Caire. — Flaxland (Ed.), rue Thévenot. — Fernaux (G.) fils, 13, rue Thévenot. — Francelle (A.), 65, rue d'Aboukir. — Grenier, 16, rue du Petit-Carreau. — Goy, 4, rue Saint-Sauveur. — Hirsch frères, boulevard Saint-Michel, 12. — Jarry aîné, rue des Deux-Portes-Saint-Sauveur. — Jamain, 37, rue d'Aboukir. — Javey, 234, rue Saint-Denis. — Klotz (J.), 69, rue Saint-Sauveur. —Kauffman jeune, 24, rue d'Aboukir. — Kauffmann aîné, 24, rue d'Aboukir. — Kinsbourg, Fuld et Cᵉ, 5, rue de Cléry. — Lapersonne, 67, rue du Faubourg-Saint-Denis. — Legouey, 15, rue Thévenot.— Lévy (Léopold), 40, rue des Jeûneurs. — Lévy (Mathieu), 60, rue d'Aboukir. — Lévy (Léon), 27, rue du Mail. — Lévy (Albert), 69, rue Saint-Sauveur. — Lyon (Jules), 23, rue du Mail. — Loiseau, 37, rue d'Aboukir. — Lacroix, 335, rue Saint-Denis. — Lebrun, 10, rue du Caire. — Marienval (J.), 354, rue Saint-Denis. — Maupois (A.), 36, rue du Caire. — Mogis,

14, rue Thévenot.—Marche, 41, rue du Caire. — Mat, 261, rue Saint-Denis. — Novario, 219, rue Saint-Denis. — Oppennheim (J.), 64, rue d'Aboukir. — Pacher, 27, rue Thévenot. — Prevost, 10-12, rue du Petit-Carreau. — Pirmot. — Worms aîné, 46, rue d'Aboukir. — Poisson, 38, boulevard Sébastopol. — Rhodé (B.), 2, rue du Caire. — Robert (A.), 7, rue Thévenot. — Roquencourt, 9, rue de Tracy. — Trèves (A), 16, rue du Sentier. — Aron (E.), 135, rue d'Aboukir. — Salmon (L.), 135, rue d'Aboukir. — Gugenheimer (S.), 54, rue d'Aboukir. — Josselin, 34, rue du Caire. — Moys (F.), 103, rue d'Aboukir.—Moskovite frères, 5, rue Palestro.—Bollack frères, 131, boulevard Sébastopol. — Cabanis (C.), 21, rue du Caire. — Vavasseur (A.), rue du Caire. — Weil (A.), 20, rue Poissonnière.—Weil, négociant, 12, rue du Caire.— Worms (J.), 46, rue d'Aboukir.

Le Comité siége rue d'Aboukir, 60, *chez* M. S.BEAUCAIRE aîné.

Vu : RÉMUSAT.

Xᵉ ARRONDISSEMENT

Le Comité républicain adresse l'appel suivant aux électeurs du Xᵉ arrondissement:

Chers concitoyens,

Vous voulez, comme nous, la consolidation des institutions républicaines.

Vous voulez que la France entière se rallie définitivement, avec confiance, au régime qui, après avoir réorganisé le pays, préparé et assuré la libération du territoire, ne tend plus désormais qu'à garantir notre avenir contre les factions qui le menacent.

Vous voulez tous, républicains sincères, vous unir pour réprimer les usurpations, éviter les révolutions et maintenir la paix sociale à l'aide du travail libre et fécond.

Vous voulez rassurer les intérêts moraux et matériels, donner la mesure de votre sage patriotisme et de votre patiente confiance dans le droit.

Vous voulez témoigner votre gratitude au Président de la République et à l'un de ses meilleurs collaborateurs pour les grands services qu'ils ont rendus, et les fortifier dans leur loyale résolution, nettement affirmée, de maintenir *l'intégrité du suffrage universel.*

Votez donc avez nous pour M. Charles de Rémusat.

Pour le Comité :

Michel Alcan, ancien constituant, président ;

Ernest Brelay, négociant, 34, rue d'Hauteville ;

A. Favier, manufactier, rue Chabrol, 30 ;

Grimault, fabricant, 66, quai Jemmapes ;

Jodot, fabricant, 23, rue Château-Landon, vice-président

Hemey, docteur en médecine, 97, boulevard Magenta ;

Furnouze (Dr), pharmacien, 89, boulevard Magenta ;

Myrtil Hecht, négociant, 20, rue du Château-d'Eau ;

Peretmere, négociant, 171, rue du Faubourg-Saint-Martin, secrétaire ;

Edmond Degousée, ingénieur, 35, rue Chabrol, trésorier ;

M. Edgar Quinet adresse une lettre aux électeurs qui lui ont demandé son avis sur l'élection du 27 avril :

Mes chers concitoyens,

Je combats la candidature de M. de Rémusat, malgré mes sentiments personnels pour un homme que j'estime. Les factions monarchiques, en s'emparant de son nom, ne me laissent pas l'alternative.

Quel est le sens de la candidature de M. de Rémusat? Nos adversaires déclarés, les orléanistes, en l'acclamant, lui ont donné sa signification réelle. Sous une ombre de République, ils en ont fait une candidature de réaction royaliste.

Toute la question est de savoir s'il convient aux républicains de servir l'intérêt des ennemis les plus puissants de la République.

. . . .

Reconnaissons la vérité. La candidature Rémusat couvre, dans un avenir plus ou moins prochain, la candidature de M. le duc d'Aumale à la présidence de la République. Ces choses-là sont de même nature. Elles s'enchaînent, s'appellent l'une l'autre.

Quand le prince-président apparaîtra, je pense bien que la méthode pratiquée sera suivie de nouveau. Les mêmes paroles serviront dans des circonstances analogues. On répétera qu'il est sage, qu'il est profondément habile de ne pas embarrasser l'élection et l'avénement du prince. Ce serait le rendre moins favorable à la République. Le prince consent à en être le soutien, si vous ne le contrariez jamais.

Oui, ces choses seront redites; mais alors les plus aveugles sentiront la chaîne au cou. Il sera trop tard pour vous en défaire légalement.

Une révolution seule en sera capable; et si l'on a dit, avec raison, qu'elle serait *la plus redoutable de toutes*, je pense que l'on entend par là que le cratère ne s'ouvrirait plus seulement à Paris, mais sur la surface entière du territoire de la France.

Etrange manière de conserver !

On couvre tout de ces mots : intégrité du suffrage universel. Mais je les ai entendus vingt fois avant et après la loi du 31 mai. Ceux qui ont renversé en 1850 le suffrage universel, je les ai toujours entendu soutenir qu'ils l'avaient respecté *dans son intégrité*. Pourquoi le même mot n'aurait-il pas le même sens aujourd'hui, dans les mêmes bouches ?

Que veulent-ils dire, je vous le demande, avec ces déclarations perpétuelles de haine contre les idées radicales ? Ou ces paroles n'ont point de sens, ou elles signifient : Haine du peuple, haine des intérêts de la masse de la nation française !

Est-ce à nous à faire écho à ces déclamations par nos votes ?

Sortons de l'équivoque où nous périssons tous. Que chacun sache bien ce qu'il va faire, le 27 avril. Ceux qui veulent, dans un temps donné, pour président de la République M. le duc d'Aumale, c'est-à-dire la Monarchie et la Révolution *la plus redoutable*, ceux-là voteront pour M. de Rémusat. Nous qui voulons la République, la Démocratie, par le développement régulier des intérêts de tous, nous voterons pour M. Barodet.

EDGAR QUINET.

Paris, 23 avril 1873.

Il était nécessaire que le Congrès fît un manifeste. Il fut voté trop tard pour être affiché.

Les journaux du vendredi 25 le publient :

LES 184 DÉLÉGUÉS

AU

CONGRÈS RÉPUBLICAIN DÉMOCRATIQUE

REPRÉSENTATION ÉLUE par les républicains des *vingt-deux* arrondissements de la Seine,

Exprimant le sentiment unanime de leurs électeurs,

Ont acclamé la candidature du citoyen BARODET, *ex-maire de Lyon*.

La candidature BARODET permet à Paris d'affirmer nettement ce qu'il veut :

L'intégrité du suffrage universel, tel qu'il existe aujourd'hui ;

Le respect des franchises municipales ;

La dissolution immédiate de l'Assemblée de Versailles ;

La convocation d'une Constituante unique ;

L'amnistie ;

La levée de l'état de siége dans les trente-deux départements sur lesquels il pèse depuis trois ans.

Ce mandat, le citoyen BARODET l'accepte complétement.

Sur la candidature de *M. de Rémusat*, au contraire, une affirmation vraiment républicaine est impossible.

En effet, au lendemain de l'élection, la victoire serait certainement revendiquée par chacun des trois groupes, dont deux monarchiques, qui soutiennent aujourd'hui M. de Rémusat.

Cette équivoque, ni le passé, ni le présent de M. de Rémusat ne suffisent à la dissiper.

M. de Rémusat a voté la Constitution républicaine et démocratique de 1848. Comment l'a-t-il respectée ?

La Constitution de 1848 reconnaissait à tous les Français « le droit de s'associer. »—M. de Rémusat a voté la loi qui interdit les associations.

La Constitution de 1848 disait : « Nul ne sera distrait de ses juges naturels et la presse sera exclusivement soumise au jury. » — M. de Rémusat a voté la loi sur l'état de siége qui, contrairement à toutes les lois antérieures, soumet les citoyens et la presse à la juridiction des conseils de guerre.

La Constitution de 1848 disait : « L'enseignement est libre. » — M. de Rémusat a voté la loi Falloux, qui livre l'enseignement aux influences cléricales.

La Constitution de 1848 disait : — « Tous les Français âgés de vingt et un ans sont électeurs sans condition de cens. » M. de Rémusat a voté la loi du 31 mai qui, en rétablissant le cens et en exigeant trois années de domicile, supprimait d'un trait plus de trois millions d'électeurs.

Enfin, la Constitution de 1848 disait : — « La République française n'emploie jamais ses forces contre la liberté d'aucun peuple. » — M. de Rémusat a voté l'expédition de Rome, qui a détruit la République romaine et rétabli le pouvoir temporel des papes.

Aujourd'hui M. de Rémusat est le candidat *officiel* d'un ministère

Qui a laissé déchirer le Message par la Commission des Trente ;

Qui a proposé et voté la mutilation du jury ;

Qui, au mépris de promesses formelles, a livré les franchises municipales de Lyon.

M. de Rémusat affirme, il est vrai, l'intégrité du suffrage universel. Mais cette affirmation suffit-elle de la part de celui qui votait la loi du 31 mai 1850 et déclarait avec les auteurs de cette loi funeste, qu'en supprimant trois millions d'électeurs, il *moralisait* le suffrage universel et ne le mutilait pas?

M. de Rémusat reconnaît, en outre, à l'Assemblée de Versailles le droit de constituer la République et de créer une seconde Chambre. Or, cette seconde Chambre, la Commission des Trente l'a définie : « *Une Chambre de résistance destinée à mettre le pays à l'abri des aventures du suffrage universel.* »

Toute mutilation, toute altération du suffrage universel engendre une révolution ou un coup d'Etat.

Nous ne voulons plus ni révolutions, ni coups d'Etat, ni Orléans, ni drapeau blanc, ni Deux décembre.

Nous votons pour BARODET.

Le Congrès républicain démocratique
du département de la Seine.

Paris, 5, rue Coq-Héron.

Encore des adhérents à la candidature Rémusat!

Le Comité électoral du quartier Saint-Gervais, réuni sous la présidence de M. Ch. Loiseau, adopte à la presque unanimité la candidature de M. de Rémusat, et il décide l'impression et la publication du manifeste suivant aux électeurs de la circonscription :

COMITÉ DU QUARTIER SAINT-GERVAIS

Chers concitoyens,

Nous venons recommander à vos suffrages la candidature de M. DE REMUSAT.

Associé à la politique de M. Thiers, qui fait de la République **un gouvernement stable et rassurant**, M. DE REMUSAT est le représentant naturel de tous ceux qui veulent, par la République, enlever tout prétexte aux révolutions et réunir, dans un commun accord, tous les vrais amis de la liberté.

Homme d'Etat éminent, attaché de tout temps aux idées libérales progressives, M. DE REMUSAT se présente à nous comme un partisan éclairé de la République, qu'il a fidèlement servie depuis qu'il a été appelé dans les conseils du gouvernement. Le manifeste qu'il adresse aux électeurs de la Seine, se résume ainsi :

Libération du territoire.

Fondation de la République.

Intégrité du suffrage universel.

Voter pour M. DE RÉMUSAT, c'est payer une dette de reconnaissance à l'habile collaborateur du Président de la République dans le grand acte de la libération du territoire ; c'est affirmer le maintien du suffrage universel, c'est fortifier la politique du Message et apporter une assise à la fondation de la République, qui seule peut nous donner la paix, la reprise du travail et des affaires, préserver le pays d'agitations nouvelles et stériles, et nous assurer à jamais l'ordre dans la liberté.

Paris, en choisissant M. DE REMUSAT pour député, prouvera à la France et à l'Europe sa sagesse, son sens politique, son amour réfléchi de la liberté et sa volonté de maintenir la République fondée sur le respect inviolable du devoir et de la loi.

Pas de divisions, pas d'abstentions ! Que le nom de REMUSAT soit inscrit sur chaque bulletin de vote !

Le Comité du quartier Saint-Gervais :

André, propriétaire, 88, rue Saint-Antoine. — Auber, négociant, 43, rue des Francs-Bourgeois. — Allart, 109, rue Saint-Antoine. — T. Bobin, négociant, 5, rue de Fourcy. — Boiffard fils ancien négociant, 22, rue de Rivoli. — Bosrédon, pharmacien, 41, rue des Francs-Bourgeois. —Broquet, négociant, 16, rue de Rivoli.—E. Bucquet, nég., 13, rue Pavée. — Baudoin, négociant, 18, rue de Rivoli. — Bergeron, docteur-médecin, 14, rue de Rivoli. — Braley, négociant, 44, rue Vieille-du-Temple. — Bourlac, tailleur, 16, rue de Fourcy. — Caillat, négociant, 9, rue de Joux. — Cazelles, avocat, 16, rue de Rivoli. — E. Capron, négociant, 68, rue François-Miron. — Corlieu,

négociant, 10 rue François-Miron.
— A. Couriot, négociant, 30, rue
Vieille-du-Temple. — Caen, négo-
ciant, 9, rue des Francs-Bourgeois.
— Cheramy, coiffeur, 10, rue des
Juifs. — Cussac, employé de com-
merce, 16, rue de Fourcy. — Ca-
blanc, menuisier, 12, rue de Fourcy.
— Chabenel, maître compagnon, 14,
rue des Nonnains - d'Hyères. —
Daussy, pharmacien, 11, rue de Ri-
voli. — Delort, négociant, 2, rue du
Marché - des - Blancs-Manteaux. —
Desgranchamps, fabricant chapelier,
12, rue des Billettes. — Deville, mé-
decin-dentiste, 21, rue de Rivoli. —
Dercheu, tailleur, 20, rue de Rivoli.
— Dewailly, négociant, 8, rue Pavée.
— Doubledent, droguiste, 25, rue des
Francs-Bourgeois. — Dercheu fils,
employé de commerce, 22, rue de
Rivoli. — Ch. Ecorcheville et H. Legrand, négociants, 16, rue Pavée. —
Faivre, sculpteur, 82, rue François-
Miron. — Gatine, négociant, 23, rue
des Rosiers. — Grehier, pâtissier,
118, rue Saint-Antoine. — L. Gues-
nier, propriétaire, 16, rue de Rivoli.
— A. Guyot, négociant, rue Malher.
— Grimmer, bottier, 15, rue de Rivoli. — E. Gillet, confiseur, 46, rue
de la Verrerie, — Gendron, marchand de volaille, 104, rue Saint-
Antoine. — Harduin, négociant, 1,
rue de Rivoli. — Hariet, négociant,
5, rue de Fourcy. — Harrissard,
tailleur d'adm., 7, rue des Lions-
Saint-Paul. — Jayet, pharmacien,
82, rue François-Miron. — Jolly fils

aîné, négociant, 20, rue Malher. —
Joyeux, maître compagnon, 14, rue
des Nonnains-d'Hyères. — Laîné,
négociant, 21, rue de Rivoli. —
Larue, négociant, 16, rue de Rivoli.
— Lesieur, négociant, 88, rue Saint-
Antoine.--Levillain, négociant, 5, rue
de Fourcy. — Ch. Loiseau, docteur
médecin, 26, rue Vieille-du-Temple.
Letailleur et Chauré, quincaillers,
25, rue des Francs-Bourgeois. —
Monnier, pharmacien, 30, rue Vieille-
du-Temple. — Moulin, négociant,
90, rue Saint-Antoine. — Mignaton,
entrepreneur de maçonnerie, 1, rue
Thiron. — Mentel, boucher, 10, rue
des Nonnains-d'Hyères. — Misso-
nier, négociant, 19, rue Sévigné. —
Montagne, épicier, 70, rue François
Miron. — Montenot, teinturier, 69,
rue de l'Hôtel-de-Ville. — Moreau,
tailleur, 16, rue de Fourcy. — Ad.
Morel, ancien négociant, 110 bis, rue
Saint-Antoine. — Nouvel, mercier,
1, rue de Rivoli. — V. Noirot, négociant, 41, rue des Francs-Bourgeois.
— Ozouf, négociant, 5, rue de Rivoli. — P. Parceint, négociant, 35,
rue des Francs-Bourgeois.—P. Pai-
gnard, négociant, 1, rue du Figuier.
— Poirat, négociant, 26, rue Sainte-
Croix-de-la-Bretonnerie.— Poulain,
négociant, 26, rue Vieille-du-Temple. — Pastré, comptable, 9, rue de
Rivoli. — Poullain, patissier, 82, rue
François-Miron.— Peheaa, employé
de commerce, 16, rue de Fourcy. —
Pasquier, employé de commerce, 82,
rue Saint-Antoine. — Prunier, bros-

sier, 7, rue de Rivoli. — Quillié, négociant, 20, rue des Juifs. — Quinier, négociant, 86, rue Saint-Antoine. — Rémond, docteur-médecin, 12, rue Malher. — Renard, négociant, 1, rue de Rivoli.—L. Renaud, négociant, 26, rue du Roi-de-Sicile. — Roussin, propriétaire, 110 bis, rue Saint-Antoine. — V. Roussin, négociant, 110 bis, rue Saint Antoine. — Ch. Ropton, négociant, 108, rue Saint-Antoine. — Roucolle, négociant, 2, rue du Marché-des-Blancs-Manteaux. — A. Spont, négociant, 11, rue Pavée. — Surloppe, tailleur, 9, rue de Rivoli.—Segretin, limonadier, 1, rue de Rivoli. — Sequeval, serrurier, 4, rue de Jarente. — Telliez, négociant, 82, rue Saint-Antoine. — Thibout, papetier, 84, rue François-Miron.— A. Vée, négociant, 24, rue Vieille-du-Temple. — E. Verschave, négociant, 17 bis, rue Pavée. — Em. Vantier, négociant, 40, rue François-Miron. — Brissaud, professeur d'histoire, 18, rue de Rivoli.

Le Comité électoral républicain du VIᵉ arrondissement

Les électeurs soussignés engagent leurs concitoyens à se rallier à la candidature de **M. de Rémusat**.

Voter pour **M. de Rémusat**, c'est favoriser l'établissement définitif de la République;

C'est défendre l'intégrité du suffrage universel.

Nos adversaires, les monarchistes, ne cessent d'attaquer le gouvernement de M. Thiers. Fortifions ce gouvernement, qui aura bientôt de grandes luttes à soutenir, et qui a promis de remettre à bref délai entre les mains de la nation le dépôt sacré de la République.

Votons pour celui qui, depuis deux ans, a été le conseiller le plus libéral et le plus dévoué de M. Thiers, et dont le nom s'attache à la libération anticipée du territoire.

Votons pour **Rémusat.**

Arbelet (Jules), avocat au conseil d'Etat et à la Cour de cassation. — Armengaud, professeur d'histoire au collége Rollin. — Docteur Bertillon, ancien maire du Vᵉ arrondissement. — J. Bozérian, député.—Feuquières (J.), chimiste.—Folliet (André), avocat à la cour d'appel, député à l'Assemblée nationale. — Geniller, chef d'institution. — Germa , , ancien colonel du 10ᵉ régiment de Paris. — Germer-Baillière , libraire-éditeur. Godart (Henry), avocat au Conseil d'Etat et à la Cour de cassation. — Hautefeuille, entrepreneur de peinture. — Hébert, libraire-éditeur. — Hérold, conseiller municipal de Paris.—Hubert-Valleroux, docteur en médecine.—Hubert-Valleroux, avocat à la cour d'appel.—Jozon (Paul), député à l'Assemblée nationale. — Marc Sée, docteur, chirurgien de l'hôpital Sainte-Eugénie.— Maze (1) (Hippolyte), agrégé d'histoire, ancien préfet de la République. — Millard, ancien constituant.— Mimerel, avocat au Conseil d'Etat et à la Cour de

(1) M. Maze fut préfet des Landes pendant le gouvernement de la Défense nationale. Aux élections du 8 février 1871, il eut une conduite assez équivoque, et soutint d'abord M. Gambetta, puis M. Thiers. Il défendit ardemment M. de Rémusat dans les réunions publiques.

cassation.—Richard de la Hautière, rentier.—Roquet (Léon), avocat à la Cour d'appel. — Dr Ruffié (Jules).— Vialay (F.), professeur. — Worms (F.), avocat à la Cour d'appel.

M. J. Labouret — très connu, dit le *Soir*, adresse au comité Carnot la lettre suivante :

Paris, le 24 avril 1872.

Si obscure que soit ma personne, ceux qui, en plein régime impérial, m'ont entendu, comme président d'une réunion électorale, maintenir cette affirmation : « Nous sommes républicains et ennemis du gouvernement, » — ceux-là, dis-je, auront confiance dans cette parole, qui vient après tant d'autres bien plus autorisées.

La question n'est pas aujourd'hui entre une nuance plus ou moins avancée de l'opinion républicaine et le gouvernement légal de la République; malheureusement, elle est tout entière entre le gouvernement et les adversaires de la République.

Voter pour M. Rémusat, c'est être conservateur du gouvernement légal contre les adversaires de la République.

Voter pour M. Barodet, c'est peut-être introduire une question de plus; mais cette question ne se produit pas en temps utile.

A toutes les époques de nos luttes, nous avons dû le succès à l'effacement des individualités. En 1869, deux candidats républicains étaient opposés, dans le VIe arrondissement, à M. Cochin. L'un d'eux, M. Brisson, par un acte qui l'honore, s'est désisté pour assurer le succès douteux de l'élection républicaine. Combien d'autres exemples pourraient être cités!

M. Gambetta, l'un des chefs autorisés du parti, conseillait lui-même alors le désistement de l'un des candidats.

J'adjure M. Gambetta, M. Brisson, tous ceux qu
ont beaucoup sacrifié à la République, tous ceux qui
la veulent sincèrement, de réfléchir à la dernière
heure, et de ne laisser en présence que les partisans
de la République et ses adversaires peu nombreux,
qui se compteront alors.

J. LABOURET
4, rue de l'Isly, Paris.

Un seul comité osa présenter M. de Rémusat
comme *démocrate* (1), c'est celui du Ve :

COMITÉ RÉPUBLICAIN DÉMOCRATIQUE DU
Ve ARRONDISSEMENT

« M. de Rémusat déclare qu'il veut la RÉPU-
BLIQUE.

« M. de Rémusat déclare qu'il veut l'intégrité
du SUFRAGE UNIVERSEL.

« Ces engagements sont pris devant le pays par
un honnête homme : il les tiendra.

« Electeurs, nous vous le disons avec Carnot,
Arago, Henri Martin et Grévy : Voter pour M. DE
REMUSAT, c'est voter pour le SUFFRAGE UNIVER-
SEL, pour la RÉPUBLIQUE, pour la DÉMOCRATIE.

« M. de Rémusat a bien mérité de la France. Il a
préparé l'évacuation du territoire; il a préparé, du
même coup, la dissolution prochaine de l'Assemblée.

André Espéron, contre-maître, rue des
Irlandais. — Barbet, chef d'institution honoraire. — Bertillon, ancien
maire du Ve arrondissement. — F.
Bodin, négociant, rue Soufflot, 9. —
Carette (Albert), avocat à la Cour
d'appel. — Carpentier (V.), négociant, boulevart Saint-Michel. —
Chevallier, chef d'institution, rue

(1) Le *National* essaye de démontrer, un jour, que
M. de Rémusat est socialiste.

Cardinal-Lemoine.—Collin (1), membre du Conseil municipal pour le quartier du Jardin des Plantes, adjoint élu du Vᵉ arrondissement. — Corporon, de l'association des maçons, 6, rue des Ecoles. — Devauze, marchand de nouveautés, 41, boulevard Saint-Michel. — Flaux, marchand de nouveautés, 27, boulevard Saint-Michel. — Gresset, négociant, 1, rue Clovis. — Régis Grousset, propriétaire, 8, rue Laromiguière.— — Grousset-Bellor, publiciste, rue de Laromiguière. — Huet, professeur, rue du Pot-de-Fer-Saint-Marcel. — James (fils), négociant, 7, rue des Grands-Degrés. — Léon Lalanne, 38, rue des Ecoles. — Laumet, métreur-vérificateur de l'association des maçons, 10, rue Sainte-Catherine-d'Enfer. — Laurent, négociant, 24, rue des Fossés-Saint-Bernard. — Lebel, cordonnier, 21, rue Lhomond.— Legrand, négociant, 45, boulevart Saint-Germain. — Leveillé, membre du Conseil municipal pour le quartier du Val-de-Grâce. — Magnier (Ch.), relieur, 7, rue de la Vieille-Estrapade. — Mascart, professeur de physique au Collége de France. — Noblet (Ch.), imprimeur, 18, rue Soufflot. — Pasquier, professeur, 65, rue du Cardinal-Lemoine. — Philippon, négociant, 13, quai de la Tournelle. — Philippon, secrétaire de la Faculté des sciences. — Pressard (A.), de l'association

(1) Nous regrettons beaucoup, personnellement, de trouver le nom de M. Collin dans cette liste.

philotechnique pour l'instruction gratuite des ouvriers. — Saint-Omer (Henri), avocat à la Cour d'appel. — Salicis, répétiteur à l'Ecole poly-technique. — Vernay, libraire, 19, boulevart Saint-Michel, etc., etc.

Voici un manifeste d'étudiants :

Les soussignés, étudiants, convaincus que le suc-cès de M. de Rémusat peut seul donner au gouver-nement la force morale suffisante pour assurer con-tre la réaction l'intégrité du suffrage universel et le maintien de la République, engagent vivement leurs camarades à voter pour M. de Rémusat :

Eugène Sée, Henri Dette, A. Sarrazin, Domzel, A. Sénéchal, L. Mouchet, E. Millet, E. Ge-net, E. Muret, Henry Defert, Jules Aron, Ch. Poret, Etienne Frochon, L. Morion, V. Canot, Ed. Thaller, F. Petitjean, G. Vuille-main, D. Purnot, R. Norin, Hatzfeld, Mouil-lard, Marchal, Lévy, Bailly, A. Pabst, Georges Darembert, E. Guérin, A. Jupin, L. Varlet, D. Le Clerc, Ph. Barbier, Ch. Glepin, A. Petit, Ch. Clément, Pierre Pan-deront, F. Loffony, G. Vaussanger, René Latour, J.-C. Dreyfus, Dessoliers, E. Olivier.

Quelques Alsaciens-Lorrains voulurent aussi manifester. Le *XIXᵉ Siècle* du 26 contient cet ap-pel :

Chers compatriotes,

Au nom de nos chères provinces perdues;
Au nom de la République,
Au nom de l'intégrité du suffrage universel,
Nous vous adjurons de voter pour REMUSAT, le ministre républicain.

Ambruster, professeur. — Bum, né-gociant. — Christ, pharmacien. —

Cordonnet, imprimeur. — Bernswiller, carrossier. — Drots, professeur de musique. — Flesch, comptable. — F. Haas, avocat. — Kern, mécanicien. — Mayer, brasseur. — Meyer, ingénieur. — Muller, publiciste. — Naas, horloger. — Ohler, épicier. — Peck, mécanicien. — Reichenecker, entrepreneur. — Rellmann, comptable. — Rehm, officier retraité. — Siegwald, comptable. — Thomann, restaurateur. — Wedlinger, architecte. — Zæpfer, commis-négociant.

Aux Electeurs du Gros-Caillou

CHERS CONCITOYENS,

Il n'y a pas eu de réunions publiques dans notre quartier, et nous ne pouvons que par des affiches exposer les raisons qui nous déterminent à soutenir M. de REMUSAT.

Nous voterons pour M. de RÉMUSAT

Parce que nous pensons que c'est à Paris qu'il appartient de remercier, au nom de la France, celui qui a si puissamment contribué à la libération du territoire;

Parce que M. de RÉMUSAT s'est, sans réserve, rallié à la République, et que la République a besoin, pour s'affermir, du concours de tous les hommes de talent;

Parce qu'il s'est publiquement engagé à s'opposer à toute mutilation du suffrage universel.

Nous repoussons M. BARODET

Parce qu'il n'a aucun titre personnel au suffrage des Parisiens;

Parce que son élection ne serait pas, comme on veut le faire croire, une protestation contre la

droite de l'Assemblée, mais serait un acte d'opposition contre M. Thiers, qu'on a déclaré, il y a un
mois, *avoir bien mérité du pays;*

Et parce qu'enfin, si M. Barodet a des titres à la
reconnaissance des Lyonnais, c'est aux Lyonnais de
l'envoyer à l'Assemblée.

En un mot, nous pensons que voter pour M. de
REMUSAT, Ministre de la République, c'est consolider la république.

> Brun, propriétaire. — Cousté. — Des-
> montils, administrateur du Bureau
> de bienfaisance. — Ducroquet (Al-
> fred), négociant. — Lesueur aîné,
> propriétaire. — C. Lesueur, cons-
> tructeur de voitures.— Louis, archi-
> tecte. — Moreau, marchand épicier.
> Oswald Cabasse, professeur. — Pari-
> sot, propriétaire. — Pingault, mar-
> chand de bois.— Porée (Henri), avo-
> cat à la Cour d'appel. — Rougelot,
> marchand de bois. — Seyeux, entre-
> preneur de surrurerie.
>
> Vu : DE RÉMUSAT.

COMITÉ D'ADHÉSION DU QUARTIER NOTRE-DAME
A LA CANDIDATURE DE M. DE RÉMUSAT

Chers concitoyens,

La France entière a témoigné sa reconnaissance
aux signataires du traité assurant la libération du
territoire.

La candidature de M. de Rémusat, un des signataires de ce traité, est donc une candidature patriotique par excellence.

Que Paris, capitale de la France, ne se sépare
pas de la nation tout entière.

PAS D'ABSTENTIONS!!

VOTONS POUR M. DE RÉMUSAT, CANDIDAT DU COMITÉ GÉNÉRAL.

Paris, 21 avril 1873.

Les membres du Comité :

Ballet. — Barratin. — Bellet. — Bouillet. — Boullay. — Bourdon. — Bresson. — Callon. — Coeffier (E.). — Coeffier (P.). — Darras. — Demagnez. — Durand. — Eigle (Léon). — Gillet. Imbault. — Leclèves. — Louvet (Numa). — Plougeron. — Poyet. — Randon. — Rolland. — Rossigneux. Valentin. — Vautrain. — Villetard (habitant le quartier Notre-Dame).

Le Comité de la salle Herz, formé de bonapartistes et de légitimistes, fait poser l'affiche suivante :

Colonel STOFFEL

Le Comité électoral conservateur vient de recevoir du colonel Stoffel la lettre suivante :

A Messieurs les Membres du Comité conservateur.

Messieurs,

Vous me demandez si je fais une profession de foi.

NON.

Je charge mes trente-cinq années d'un loyal service militaire de parler pour moi aux électeurs. Elles seront, je l'espère, un gage suffisant pour eux de l'esprit de discipline et de devoir que j'apporterai dans l'exercice de mon mandat de député.

Né à Paris, je serai fier de représenter la partie honnête et laborieuse de la grande ville, qui ne retrouvera sa prospérité que dans le rétablissement absolu de la sécurité morale et matérielle.

Député de Paris, je consacrerai tous mes efforts et toute mon intelligence à maintenir l'ordre dans la rue et à rappeler le calme dans les esprits. Je suis soldat, je parle en soldat, j'agirai en soldat.

COLONEL STOFFEL.

Electeurs,

La lettre du colonel Stoffel vaut mieux que la plus éclatante profession de foi ; nous vous la donnons comme la parole d'un homme d'honneur.

A la candidature si nette du colonel Stoffel, on oppose la candidature équivoque de M. de Rémusat, dont les défenseurs s'adressent à la fois au radicaux et aux conservateurs.

Aux uns et aux autres ils font des promesses contradictoires. Que de déceptions et de mensonges se préparent !

Conservateurs, vous ne voudrez pas courir la chance que votre confiance soit trahie, et vous voterez pour un candidat incapable de pactiser avec les gens de désordre.

Au moment surtout où l'on va discuter la réorganisation de l'armée, vous ferez appel aux lumières de ce loyal soldat qui a donné, à des heures critiques, trop de preuves de vigilance et de fermeté, pour que vous ne soyez pas certains de le trouver toujours comme une barrière vivante entre vous et l'anarchie.

Pour le Comité électoral conservateur :

La Rochefoucauld, duc de Bisaccia, membre de l'Assemblée nationale, président ;
Vice-amiral Chopart, vice-président ;
Comte de Morry, secrétaire-général ;
Aubry, banquier, membre de l'Assemblée nationale ;

Louis Binder, membre du Conseil municipal ;

Henri Chevreau, ancien ministre ;

Dufaur, négociant ;

Lachaud, avocat ;

Pageot, ancien ministre plénipotentiaire ;

Henri Singer, propriétaire.

Encore des excentriques :

DÉCLARATION

DE

JULES AMIGUES

Candidat rare qui ne demande pas à être élu

Puisqu'il n'est pelé ou tondu qui ne se croie
obligé de faire sa déclaration, *Peuple*, je te ferai la
mienne.

Tes faux amis, les Septembraillards, se sont di-
visés en deux clans pour proposer à tes suffrages le
citoyen Barodet et *M. le comte* de Rémusat.

Arago et sa séquelle, — bourgeois qui se disent
démocrates, — te disent de voter pour le comte de
Rémusat.

Demande à Arago et à sa séquelle ce que le comte
de Rémusat a jamais fait pour le peuple.

Gambetta et ses copins, — bourgeois qui se disent
radicaux, — te disent de voter pour Barodet.

Je ne sais pas bien ce que M. Barodet, ex-maire
de Lyon *par la grâce de M. Thiers*, a pu faire
pour le peuple ; mais demande à Gambetta et à ses
copins, — tes crânes conseillers d'aujourd'hui, —
ce qu'ils faisaient à Versailles ou à Saint-Sébastien,
au temps de la Commune.

Est-ce que tu n'es point las d'être dupé, bon Peuple, et trouves-tu donc que tu n'aies pas encore assez souffert pour la plus grande gloire et le plus
grand profit de tous ces conteurs de bourdes?

Si tu te plais à ce métier de bête de somme, vote,

à ton aise et au hasard, pour le candidat d'Arago ou pour le candidat de Gambetta; — car tu peux être assuré que l'un vaut l'autre, et que tous deux se moqueront de toi en de pompeux discours.

Si tu commences à trouver que le jeu devient long et que ton bénéfice y est mince, *ne vote plus pour rien ni pour personne*, jusqu'au jour où l'appel au peuple, terminant le règne des bavards, te permettra de constituer directement le *gouvernement dictatorial et populaire*, qui, appuyé sur la force irrésistible et indiscutable de l'assentiment national, pourra réaliser les vœux du peuple et achever enfin l'œuvre de la Révolution en organisant la démocratie.

Tel est, ô *Peuple*, l'humble avis d'un homme qui t'aime, qui te l'a prouvé, qui ne t'a jamais demandé rien, et qui jamais ne t'a trompé.

JULES AMIGUES.

COMITÉ OUVRIER DE L'APPEL AU PEUPLE

Nous, soussignés,

Appartenant à diverses opinions, mais étrangers à toute coterie politique;

Désireux de mettre d'accord tous les partis, en invoquant, entre eux et contre eux, l'autorité de la souveraineté nationale;

Et convaincus que l'appel au peuple *direct* peut seul donner à la France un gouvernement assez fort pour assurer à la fois le maintien de l'ordre et le progrès de la démocratie;

Adhérons à la déclaration de M. Jules Amigues, et ne voterons point pour des candidats qui renient le véritable esprit républicain, en méconnaissant le droit souverain de *l'appel au peuple*

Chauvin, ouvrier tourneur en bois;
Colson, ouvrier tourneur en cuivre;
Constan, ouvrier tourneur;

Consigné, courtier en vins;
Dalphin (Louis), étudiant;
Debruyn, ouvrier cordonnier;
Didion, ouvrier cordonnier;
Ducloux, ouvrier maçon;
Falot, ouvrier bijoutier;
Godignon, ouvrier graveur;
Guyot, ouvrier graveur;
Housseau, cordonnier;
Laporte, tourneur;
Monchaux, graveur sur métaux;
Parisot, ouvrier coutelier;
Robert, ouvrier chaîniste;
Trochon père, bimbelotier;
Valette, musicien;
Véron, menuisier;
Weisling, monteur.

Vu : JULES AMIGUES.

DÉCLARATION

DE

Philippe KIM

Imprimeur du JOUNAL POUR TOUS et de Quotidiens et Hebdomadaires

ANCIEN IMPRIMEUR

DU

PEUPLE SOUVERAIN

de Genève (Suisse)

CONCITOYENS,

L'*Espérance nationale* est entre vos mains; l'*Observateur*, c'est le *Pays*; récusez le *Bonnet rouge* et le *Châtiment*, pour arriver enfin à un *Avenir li-*

béral. — N'écoutez pas ceux qui se cachent derrière le *Rideau;* méfiez-vous des *Affiches parisiennes;* ne vous effrayez point du *Sifflet* et de la *Scie,* qui ne sont pas le *Cri du Peuple.* — Il n'est heureusement pas donné à tout le *Monde* d'enlever la *Timbale.* — Le corps électoral est le grand *Justicier,* et va servir d'*Estafette* à la *Liberté* de la *France.*

C'est le *Siècle* et l'*Etat* avancé de nos *Débats* qui l'exigent.

Pas d'abstentions; écoutez la *Voix du Peuple,* celle de la *Vérité,* pour obtenir la *Constitution,* qu'un *Corsaire* ne pourrait enlever au *Mouvement.* — Le *Radical* n'a pas besoin de chanter la *Marseillaise,* qui serait étouffée sous les plis du *Drapeau* ····· de la *Gazette de France.*

Le *Temps* est arrivé où la *Gazette des Tribunaux* n'aura plus à faire le *Rappel* d'aucune infraction contre le *Droit* et la *Fortune* de la *République française.*

Dimanche, le *Gaulois* excitera l'admiration de l'*Univers: l'Ordre* ne sera pas troublé, et, depuis le *Matin* jusqu'au *Soir,* l'*Electeur libre* déposera son vote. — Après les émotions de *Paris à l'eau-forte,* la *Vie parisienne* reprendra son cours, et l'*Opinion nationale* de dire: J'ai sauvé la *Patrie* et travaillé pour le *Bien public,* en plein *Soleil;* ce sera l'*Evénement* de la *Semaine.*

Surtout pas de *Charivari!!!*

L'*Assemblée nationale,* convaincue enfin que *Paris* peut exercer le *Suffrage universel* sans *Tam-Tam* ni *Tintamarre,* sera forcée de s'incliner devant le *Peuple souverain,* et de reconnaître que la *Capitale* sera toujours l'*Avant-Garde* du *Progrès.*

Souviens-toi, ô *Français,* que le *Ralliement* et l'*Union* du *Citoyen* sont nécessaires à la *Tradition nationale,* et doivent être le *Mot d'ordre* du XIX° *Siècle.*

Arrière, *Brocanteur!* que l'*Illustration* seule guide le choix du *Patriote.*

Et maintenant, *Salut, Peuple français.*

Malgré la *Résistance* du *Constitutionnel* et du *Figaro*, l'*Officiel* sera forcé de proclamer le nouveau *REPRÉSENTANT DU PEUPLE.*

PHILIPPE KIM

Imprimeur de Journaux Quotidiens et Hebdomadaires
19, *rue Paul-Lelong*, 19.

Dernières affiches :

CANDIDATURE RÉMUSAT

COMITÉ D'ACTION ÉLECTORALE

AUX ÉLECTEURS

Le moment est venu où toute hésitation doit cesser.

Vous avez à choisir entre deux candidats, dont l'un représente une politique d'aventure et dont l'autre, par l'autorité de son nom, affirme la République devant la France et devant l'Europe.

En votant pour M. Barodet, vous faites éclater une crise gouvernementale qui peut nous conduire aux plus grands désastres, sans obtenir aucun des résultats que vous espérez.

En nommant M. de Rémusat, vous hâtez l'œuvre de la libération du territoire, vous assurez le travail et le retour de la prospérité publique et vous donnez au gouvernement la force de résister aux factions monarchiques.

M. de Rémusat nous garantit l'intégrité du suffrage universel et le maintien de la République.

N'est-ce pas là ce que nous demandons tous ?

Et, lorsque nous voyons les légitimistes et les bonapartistes se réunir dans une coalition monstrueuse pour faire échouer cette candidature, comment ne serions-nous pas éclairés sur les principes républicains qu'elle exprime ?

8

Nous repoussons de toutes nos forces la candidature Barodet, parce qu'elle est dangereuse pour le pays, dangereuse pour l'ordre, dangereuse pour la liberté; enfin, parce qu'elle ne peut profiter qu'à ceux qui veulent spéculer sur le désarroi général et sur les malheurs du pays.

Electeurs de la Seine! vous ne voudrez pas, après deux années de sagesse et de courageux efforts, remettre en question les résultats que vous avez obtenus.

Vous ne ferez pas le jeu des bonapartistes et des légitimistes; Paris ne recevra pas la consigne de Comités occultes qui n'ont inventé la candidature Barodet que pour mettre le gouvernement en échec, sans songer qu'en agissant ainsi, ils mettent en péril l'existence même de la République et les destinées de la patrie.

Pour le Comité :

Andreï, propriétaire, 46, boul. Magenta. Bechu, trésorier-payeur, 30, rue de Châteaudun. — Bellet, ing., 14, rue Rochambeau. — Bogros, étudiant en droit, 50, rue des Ecoles. — Charpentier, comptable, 9, rue Houdon. — Chinoufe, propr., 22, rue de la Tour-d'Auvergne. — Dernes, 6, rue Gaillon. — Drouin, fabr. de briques, 60, rue Pelleport.—Garnier (Henri), 25, rue Louis-le-Grand. — La Rigaudière, homme de lettres, 16, rue La Vieuville.—Joly (Maurice), avocat, 31, rue de Provence. — Mulot, boulanger, 3, rue Chabanais. — Vitot (Charles), 10, quai de Passy. — Noury, négociant, 40, rue Saint-Georges. — Petit, 7, rue Nys. — Robert (A.), 33, rue Lamartine.— Virmaître (Ch.), 24, rue Condorcet.

Le dimanche 27, au matin, sont posées deux affiches signées de tous les adhérents à la candidature Rémusat. Elles sont un peu différentes. Voici le texte de ces deux affiches :

« M. de Rémusat veut la RÉPUBLIQUE ET L'INTÉGRITÉ DU SUFFRAGE UNIVERSEL. Voilà ce qui soulève contre lui les colères de la réaction.

« Pas d'hésitations devant de telles colères.

« Votez tous pour M. de Rémusat. »

(Suivent les signatures.)

« M. de Rémusat veut la RÉPUBLIQUE et le SUFFRAGE UNIVERSEL. Voilà ce qui soulève contre lui les colères de la réaction.

• « Pas d'hésitations devant de telles colères. Elles vous tracent votre devoir.

« Votez tous pour M. de Rémusat. »

(Suivent les mêmes signatures :)

Bamberger, député de Metz.— A. Larrieu, député. — Humbert, député.— Jules Bastide, ancien ministre de la République. — Charles Thomas, ancien directeur du *National*. — Chevallon, ancien constituant.—H. Cernuschi. — Margaine, député.—Marc Dufraisse, député. — Flotard, député. — Béclard, conseiller général de la Seine, professeur de la Faculté de médecine. — Pompée, conseiller général de la Seine.—Piat, conseiller municipal. — Goudounèche, ex-adjoint du 17e arrondissement. — Mestais, ex-adjoint du XVIIe arrondissement. — Hèvre, député. — Palotte, député. — Théodore Duret, hommes de lettres. — Cunit, député.

— Jules Prunelle. — Quigniot père. — Emile Deschanel.—George Guiffrey, propriétaire. — Germa, ancien colonel du 10ᵉ régiment de Paris. — Millard, ancien constituant.—Ch. Lecomte, ancien maire du Xᵉ arrondissement. — Hardouin, ancien président de la cour de la Guadeloupe.— Fordos, pharmacien en chef de la Charité.— Farjasse, ancien préfet.— P. Bataillard, hommes de lettres. — Genillier. — Wurtz, doyen de la Faculté de médecine. — Tillaux, chirurgien de Lariboisière. — Dujardin-Beaumetz, médecin des hôpitaux. — Léon Tarbé, chirurgien de la Pitié. — U. Trélat, professeur à la Faculté. — Paul Broca, professeur à la Faculté. — G. Bernutz, membre de l'Académie de médecine. — Charles Monod. — Gubler, professeur à la Faculté. — Charcot, professeur à la Faculté.—Gavarret, professeur à la Faculté.—Blachez, professeur agrégé.—A. Milliard, médecin des hôpitaux. — E. Cadet-Gassicourt, médecin des hôpitaux. — Rameau, député. — Edmond Scherer, député. — Agricol Perdiguier, ancien constituant. — Rossignol, conseiller municipal de Clichy. — Emile Javal, député. — Billy, député. — Victor Lefranc, député. — H. Topart, ex-conseiller municipal élu (XXᵉ arrondissement).—Toussaint, avocat.—Métivier, conseiller municipal. — Delacroix, député. — Coutant, député des Vosges. — Valentin, ancien préfet de Strasbourg et de Lyon. —

Charton, député. — Th. Rolland, député. — Rampont, député. — Tricoche, ancien préfet de la République. — De Bomparz, député.—Rousseau, député. — Hip. Maze, ancien préfet de la République.

Les journaux de dimanche publient le manifeste suivant :

Comité central électoral des républicains du dé partement du Rhône, siégeant rue Grôlée, 57.

Lyon, le 25 avril 1873.

Citoyen,

Nous vous envoyons ci-contre une adresse qui vient d'être votée, à l'unanimité, par le Comité, et que nous vous prions de reproduire.

Pour la Commission exécutive,

L'un des trois Secrétaires,

A. BONNOT.

AUX PARISIENS!

Citoyens,

Pendant que, guidés par une pensée à la fois politique et généreuse, vous choisissiez pour candidat le maire de la ville de Lyon, nous prenions de notre côté l'engagement formel de nommer celui de vos concitoyens que vous nous désigneriez.

Au nom de la solidarité que cet échange fraternel consacre et avant l'ouverture du scrutin, permettez-nous, citoyens, de vous adresser un dernier mot de remerciement et d'encouragement.

Nous assistons tous les jours avec tristesse aux défaillances ou aux défections de quelques hommes que nous croyions plus fermes ou plus sincères. Cependant nous conservons la conviction que le succès final est assuré.

Les républicains ne peuvent, en effet, hésiter un instant dans la situation si nette qui leur est faite.

D'un côté, la candidature officielle restaurée et pratiquée sans scrupule ;

De l'autre, l'expression spontanée et libre de la souveraineté populaire.

Accepter le candidat officiel, c'est approuver l'attitude équivoque du gouvernement ; c'est se courber de nouveau sous la démoralisante pression électorale que l'empire exerça pendant vingt ans ;

C'est acquiescer par avance à toutes les lois meurtrières qui s'élaborent contre le suffrage universel et contre la République.

Voter pour le candidat démocratique, c'est revendiquer énergiquement les Franchises municipales mutilées ; c'est protester de la moralité du suffrage ; c'est affirmer la nécessité de gouverner enfin selon les vœux du pays.

Le choix est donc facile !

Citoyens,

Nous avons tressailli de joie au réveil du grand Paris, relevé de ses désastres. Eh bien ! il ne faut pas que Paris renie son passé ; il ne faut pas que ce que les souffrances ni les persécutions n'ont pu faire, les intrigues le réalisent.

Le triomphe de la candidature Barodet est assuré, et Paris continue à marcher fièrement à la tête des cités républicaines.

Vive la République !

Pour le Comité central :

Les membres de la Commission exécutive,

Ayé, Bouvard, Bonnoit, Chabaud, Clapot, Curzillat, Darmet, Daudans, Dutel, Gramousset, Servet, Tortillet.

A la fin de la lutte électorale, voici comment se classent les journaux de Paris :

La candidature du colonel Stoffel est soutenue par les journaux dont les noms suivent :

Le Monde,	La Gazette de France,
L'Univers,	L'Union,
Le Pays,	Le Gaulois,
L'Ordre,	La France nouvelle.

La candidature de M. de Rémusat est patronnée par :

L'Ami de la Religion,	Le Paris-Journal,
Le Constitutionnel,	Le Soleil,
Le Français,	Le Bien public,
Le Temps,	Le XIXᵉ Siècle,
La Patrie,	L'Etat,
La Presse,	Le Figaro,
Le Messager de Paris,	La France,
La Liberté,	Le National,
Le Journal de Paris,	L'Opinion nationale,
Le Moniteur universel,	Le Soir.

La candidature Barodet a pour elle :

L'Avenir national,	Le Rappel,
Le Corsaire,	La République française,
L'Evénement,	
Le Peuple souverain,	Le Siècle.

A titre de documents, nous reproduisons les affiches avec leur physionomie :

ÉLECTIONS DU 27 AVRIL

REMUSAT [1]

1. De toutes les couleurs.

ÉLECTIONS DU 27 AVRIL

RÉMUSAT[1]

CANDIDAT

ÉLECTIONS DU 27 AVRIL

RÉMUSAT[2]

CANDIDAT RÉPUBLICAIN

ÉLECTIONS DU 27 AVRIL

Colonel STOFFEL[3]

CANDIDAT

Conservateur

ÉLECTIONS DU 27 AVRIL

MARCUS ALLART[4]

CANDIDAT PLÉBISCITAIRE

Bonapartiste et Indépendant

---

1. Jaune.
2. Jaune et rouge.
3. Couleur chocolat.
4. Affiche tricolore.

CONGRÈS RÉPUBLICAIN DÉMOCRATIQUE
DU DÉPARTEMENT DE LA SEINE

ÉLECTIONS DU DIMANCHE 27 AVRIL

BARODET [1]

EX-MAIRE DE LYON

CONGRÈS ÉLECTORAL RÉPUBLICAIN DÉMOCRATIQUE
DU DÉPARTEMENT DE LA SEINE [2]

ÉLECTIONS DU DIMANCHE 27 AVRIL

BARODET

BARODET

BARODET

BARODET
EX-MAIRE DE LYON

[1] Rouge.
[2] Rouge.

POST-SCRIPTUM

—————

Résultat officiel du scrutin proclamé, le ven-
dredi 2 mai, dans la salle Saint-Jean, à
l'Hôtel-de-Ville :

Electeurs inscrits.....................	457.049
Votants............................	345.759
Suffrages comptés....................	342.656
Suffrages non comptés................	3.103

Barodet................	180.045
De Rémusat	135.028
Stoffel.................	26.644
Marcus Allart...........	792
Divers	147

—————

Aux Electeurs du département de la Seine.

Chers concitoyens,

L'honneur d'être votre élu ne devrait laisser
place en mon cœur qu'au sentiment de la plus profonde reconnaissance.

Comment résisterais-je cependant à vous dire
qu'en m'appelant à vous représenter, vous avez donné une preuve, éclatante entre toutes, de la force
et de la modération de ce grand parti républicain
dont Paris mérite à tant de titres de conserver la
direction? C'est là, permettez-moi de l'ajouter, ce

qui a frappé surtout la France. On sait maintenant que nous voulons fonder la République sur le respect des lois, sur l'autorité souveraine du suffrage universel.

L'ascendant de la démocratie républicaine est partout croissant. Aveugle qui le contesterait ; plus aveugle encore qui oserait y résister ! Ces progrès admirables, nous devons les attribuer à la politique sage et prudente, ferme et patriotique, adoptée par notre parti. Citoyens, il faut y persévérer. Plus nous deviendrons forts par le nombre, plus nous devrons nous montrer calmes, patients, modérés, dignes enfin de prendre et de garder la direction des intérêts de notre grand pays.

Ma candidature n'était pas une candidature de combat. Paris ne l'a soutenue et fait triompher que parce qu'il a compris qu'il s'agissait bien moins de lutter contre le gouvernement que de l'éclairer. Je m'attacherai à prouver, dans toutes les occasions, que l'esprit de concorde et d'union a trouvé en moi un représentant de plus ; et par là, je l'espère, je justifierai votre confiance.

Citoyens, l'élection du 27 avril est une grande date. N'oublions jamais les enseignements qu'elle renferme, et la République pourra défier les conjurations et les intrigues de ses ennemis acharnés.

Vive la France ! Vive la République !

Agréez, chers concitoyens, l'expression de ma gratitude et de mon sincère attachement.

Lyon, le 28 avril 1873.

D. BARODET,
représentant de la Seine.

FIN

TABLE

PARIS. — IMP. NOUV. (ASS. OUVR.), 14, RUE DES JEUNEURS

G. MASQUIN ET Cᵉ.

www.ingramcontent.com/pod-product-compliance
Lightning Source LLC
Chambersburg PA
CBHW071803090426
42737CB00012B/1936